THE ROAD TO SANTIAGO

因為尋找，所以看見

一個人的朝聖之路

謝哲青——著

CONTENTS 目次

FRANCE
法國
ST-JEAN-PIED-DE-PORT
聖讓皮耶德波爾
BILBAO
畢爾包
RONCESVALLES
龍塞斯谷
Cantabria
坎塔布里亞
Pais
Vasco
巴斯克
PAMPLONA
潘普洛納
LOGROÑO
洛格羅尼奧
FRÓMISTA
芙羅米斯塔
Navarra
納瓦拉
ESTELLA
埃斯特拉
ARRION DE
OS CONDES
里翁·德洛斯·孔德斯
BURGOS
布爾戈斯
ST DOMINGO
DE LA CALZADA
聖多明各·德·拉·卡爾薩達
PUENTE
LA REINA
皇后橋鎮
Aargón
亞拉崗
Castilla
卡斯提亞
SPAIN 西班牙

the map of CAMINO de SANTIAGO
聖雅各之路地圖

-

CAMINO DE FRANCÉS 法蘭西之路

St-Jean-Pied-de-Port → Santiago de Compostela

聖讓皮耶德波爾 → 聖雅各

推薦序01

一個人的旅行，孤獨嗎？

——王浩一

如果，僅是坐在客廳沙發握著電視遙控器，隨著Discovery頻道去旅行，他們總好奇「一個人去走走」的「千里流浪」，問道：會孤獨嗎？香港導演林奕華如此定義旅行：「不是一個人去的，不叫旅行，旅行的目的是重新學習如何做一個人，由不怕孤單開始，所以旅行就是修行……」職場與家庭之外的第三場所，是「旅行」，這是孤獨練習的好時機。

今年初秋，臉書上，看到有一建築師好友，領著一群年輕建築師到法國進行一場「柯比意」（Le Corbusier）之旅，當他們到了法國東部偏僻的小鎮去看「廊香教堂」（Notre Dame du Haut），貼了一張上翹的屋頂，十足拙趣的絕美照片，讓也是熱愛建築的我欽羨不已。文章中，提到有人當場向另一個旅伴求婚……這件事，我跟另一位建築師聊過，話題轉入到他當年在奧斯汀研究所上課之際，有一位設計課的老教授，上課中提到他自己年輕時一個人的廊香教堂旅行……這位教授的談話讓他印象深刻，我也興致盎然：老教授說，之前一個人當背包客，為了就是要到鄉間去看柯比意的廊香教堂。廊香教堂是二十世紀建築大師柯比意生平最具代表性的作品之一，同時也被公認是二十世紀最好的宗教建築之一。許多學建築的人，往往把這座建築當是「聖堂」。

上課中，老教授敘述著年輕的他如何搭火車再轉搭公車，到達了小鎮已經是晚餐時間，找了一家便宜的旅館，在當地人介紹的餐廳吃晚餐，晚餐時也跟著當地居民聊一聊這座教堂，對他們的影響與生活上的改變。一個人的晚上，喝了好喝的法國紅酒後，就愉快地去睡覺。

隔天早上，天還未亮，獨自一人慢慢往山坡上的教堂走去，一路上感覺與小鎮越來越遠，也同時與教堂越來越近。到達山坡後，第一道清晨陽光也剛剛到來，回頭一看，遠方的小鎮正慢慢醒來。教堂建築就佇立在眼前，他在教堂的周邊觀坐了許久後，才肅然地走入室內。這時，他獨自靜靜感受透進來的光線……來自建築窗櫺，來自上帝的力量。

一個人的旅行，可以自在，可以如此精心安排這樣戲劇性的靜美。我想，若不是緩慢的旅行，很難感受到令人難忘的詩意。所以，我是羨慕哲青「一個人的朝聖之路」，同樣身為作者的我，細讀他的文字，總明白獨旅的他，自我對話的靈魂深處裡「理性孤獨」。他恣意地享受這種孤獨時光，如果察覺自己陷入「孤寂」之際，不急，不慌，它像是個旋轉門，哲青總能靈巧地對準方向，一推，就可以輕鬆走出去了。

「突然意識到，我的聖雅各之路竟然已經過了一半，背後的門已經關上，終點仍在陌生的遙遠之外，因為出發太久，我也回不了頭。」哲青像是每個馬拉松選手一樣，總會碰到的「撞牆」時期，往往那是一種深深的無力感降臨的感覺，甚至會開始懷疑能否堅持到終點。我特別閱讀這一段文字，企圖融入他的感受，這一段……除了好奇，我也知道「這一段的糾葛內心戲，最迷人」，如同千年前玄奘隻身走在曠遠無涯的沙漠時，他的「自我對話，與內心的掙扎拔河」最動人。

一個人的旅行，如同哲青這樣的一邊「尋找」一邊「看見」，眼睛掃描著所有的異國文化細節，腦海耙梳著所察覺的整體生命意義，頭頂總飄著幾朵「人生哲理」的文字雲，這是敏感作家的優勢，也是讓人羨慕的。法國詩人韓波（Arthur Rimbaud）有一詩句：「生活是他方」（La vie est ailleurs），是形容長時離家旅行時一種幽微的思想，意思是：有時，我們覺得眼前的人生不完整，總嚮往在他方會有生命的「本真」。所以，一個人的旅行，有時是一種儀式，有時是一種等待，對於哲青則是一種「尋找」。

每個人，都有一顆不安的心靈必須安撫。一個人的朝聖之路，從有形的到無形的，我們都若有若無地走著，只是大多人都在半途放棄了。我喜歡哲青在菲尼斯特雷海岬時的文字，他解釋「菲尼斯特雷」是大地的盡頭，在古羅馬人統治伊比利半島時，他們認為這裡是歐洲大陸的最西端，因為再往前就是連太陽都被淹沒的海水，於是他們在此建造了太陽神廟，稱為「天涯海角」，也在地圖上標記「0K.M.」里程碑，也註腳「大地的盡頭，生命的開端，再過去，除了虛空，還是虛空」。

我喜歡，也嚮往這樣的「一個人的旅行」。

推薦序 02

說是堅持，但也是挺固執的

——吳建恆

我把這一段路想得太浪漫了。

當我得知哲青將踏上朝聖之路時，正巧當時我人在巴黎，就二話不說答應飛往西班牙，陪哲青走上一段路。

當然我也不盡然是這樣的浪漫主義者。出發前，我也帶著正在思考的問題和尋找中的答案上路，然而，結果證明朝聖之路會給每個人不一樣的回應。

所以你的也不會和謝哲青一樣。

我和哲青約在潘普洛納（Pamplona）見面，那是奔牛節的城市。

和大家想的一樣，如果有機會和哲青一起出國旅行，他應該會滔滔不絕將他知道的學問一股腦兒全部解說出來。那是一種謝教授或謝導遊的靈魂，我在潘普洛納的教堂裡，扎實地上了一堂課。

之後從路標、建築物到冰淇淋，他信手拈來，我真心感覺到他的熱心和自己的幸運。這是我在出發前的想像，事實證明果然如此。這應該也是大家認識的謝哲青。

但是在出發後，我發現有一種更真實的謝哲青，那會是我陪走這一段路的最大收穫。

在哲青抵達巴黎之後，就先上演一齣令人擔心的戲碼，他掉了所有的信用卡。我接到來自謝太太（娃娃）的求助，在潘普洛納先幫他刷了那間海明威住過的飯店房費。

我也住了進來，希望能好好感受這間飯店，這是我也是他這趟旅程中最昂貴的一夜。他興奮地告訴我海明威和這間飯店以及這座城市的關係，他告訴我海明威對他的影響，但是他沒告訴我隔天早上四點半就得出發上路。所以我還傻傻期待著飯店的豐盛早餐（這間飯店的早餐評價很高），以為那會是接下來幾天中最豪華的一餐。

第一天見到哲青，他已經曬得超黑，脖子脫皮，背上長了水泡，我很替他擔心，他既不擦防曬也不擦曬後凝露，徒步不到一週已經是這副模樣。

可是他一派輕鬆自在，帶著我走過潘普洛納幾個重要景點。直到讀這本書時我才知道，書中這位扁平足男孩經過幾天的疾走已經達到身心靈極限的引爆點。

隔天的路上，我以輕盈的步伐領先。或許，如果我可以體貼一點，我會多說些安慰他的話。但這些話還沒說出口，我就發現了一些問題。

「你竟然背著你二十二年前旅行的後背包？你不知現在的背包比較好用也比較輕又符合人體工學嗎？對於這種負重的長途徒步旅行，為什麼要背這樣的後背包呢？」

「你竟然穿著七年前的登山鞋來走朝聖之路，難怪你腳步蹣跚，這鞋子太重又不適合走路啊！」

「你帶這麼多不必要的東西幹麼？你還帶書！我回去時幫你帶回去好了！」

「我們找個地方買新的鞋子和包包好不好？否則你怎麼面對接下來的七百公里？」

「不然我離開時和你交換背包好了？」

說是堅持，但也是挺固執的。我記得出發前和他吃飯，他還交代我要帶專業好走的鞋子和裝備！

當時和哲青討論，我其實並不清楚這個背包和鞋子都有著他人生中另外的意義。帶它們出門，就是在朝聖之路上對自己人生做另一次的巡禮。

不到一年前我還把謝哲青當成偶像，我連和他講話都感到緊張。而此時，我已經和他走在朝聖之路上，除了偶爾碎碎念之外，從他在巴黎掉了所有的信用卡開始，我一路上還幫他撿了太陽眼鏡和水壺。

其實在這段路上，我們也沒有太多交談。因為對我而言，那也是一種心志和體力的磨練。第二天，我的右膝就已經痛得要命。特別是在炎熱的夏天，走在一望無際的丘陵路上，兩旁風景是接下來幾小時路程也沒有改變的麥田，沒有什麼尋找人生答案這件事，我只覺得絕望。

他走過來，突然丟了一句話給我。

「你覺得，我是不是一個驕傲的人？」

這句話出現在我最累最厭世也最懷疑自己的時候。

我告訴哲青，「你讓我慢慢地想一想。」

我並沒有答案。因為在朝聖之路上，這段路只會向我們丟問題，那些出發前預備好的題目，一直都找不到解答。後來我發現，一旦問題消失了，也就不需要找答案了！或許此刻哲青也不再需要問這個問題了！

我想起出發後的第一天，哲青就接到一位好朋友突然離去的噩耗。在讀這本書時發現他完全跳過了這一段。

但我試著回答，「你是一個忠心的好朋友。你並沒有任意販賣你內心真實的感情和眼

淚。但同時你也太固執了！不輕易在別人面前展現出真正的需要。你將心事往心裡藏，將別人對你的評價轉身為八百公里的腳步。你是值得為自己感到驕傲的。」

前言

寫於出發之前

"Nothing burns like the cold."

——喬治·馬丁《冰與火之歌：權力遊戲》

二〇一六年十二月二十四日，結束最後一場錄影後，我告別工作多年的電視臺。

還記得，那一夜的刺骨寒涼，北方的凜冽有意冷心灰的不堪。

但我的心情，更冷。

街上隨處可見結綵張燈的耶誕樹，主宰都會天際線的一〇一，準備要參加派對一夜狂歡的年輕人們，似乎都以歡欣熱烈的方式，嘲諷我的失敗。

發生在職場上的挫折，讓我對工作、對生活、對自己感到失望。自忖殷勤努力地參與每份工作，就能得到同事，或是上司的體諒理解，至少，是職場崗位上的問心無愧。

全心全意的付出，未必有百分之百的收穫，這是每個成年人都應該懂的道理。

「不知地厚天高，就是慢性自殺。」「你看你，溫良恭儉讓，最後落得什麼下場！」朋友的嘲諷言猶在耳，現在想起來格外刺耳。

到頭來，我所相信的價值，我所堅持的信念，我所追求的尊嚴，原來，在別人眼中，根本一文不值。

我站在寒風的十字路口，多年前旅途歸來後的迷惘，再度湧上心頭。

彷彿就是昨天，在外飄泊許久，返回家鄉。就在踏入國門的那一瞬間，我突然失去了生活目標，對自己的未來悵然若失。

對於家園強烈的陌生，或許，這才是經過漫長旅程後，返鄉旅人心中最真實的惆悵。走在原本熟悉的街上，意外地發現，一樣的門牌號碼，換了不同的招牌店面……在巷口嬉戲的小朋友，已經長成玉立亭亭的少女……數十年如一日，坐在里民中心門口泡茶的阿伯消失了……圈地養地十多年的停車場突然變成高樓大廈……就連鏡中的自己，也都顯得冷漠、疏離。

為什麼離開家？為什麼流浪？又為什麼回來？為什麼？

經常不由自主地，想起那些露宿餐風的流浪，想起那些飢腸轆轆，站在糕餅店櫥窗前的羞赧，想起那些佇立在街頭，突然對前方未知的倉皇。那些被憶起的曾經，都是身為旅人的我們，生命最真切的體驗。異地他鄉的陽光、微風、氣味、色彩，在不知不覺中成為旅人唯一的擁有，而這份擁有，卻在平凡瑣碎的日常遞嬗中磨損、褪色。

最終，只剩下些許不曾說出口，也無法言傳的悸動，瑟縮在記憶的幽暗角落。

接下來的日子，意外接踵而至，來不及愛，也來不及恨，今天勉強度過，明天比肩而來。

所幸的是，工作仍然依循原來的軌道運作，手上還有重要的節目持續，也固定接受海外的工作邀約，繼續與那些有趣的人見面，拜訪有趣的地方。在藝能界、媒體圈工作，是一份極具挑戰性的事業，有時更像是不可能的任務。我試著忘記生活中的不如意，將自己完全投入其中，工作之於我，不單單只是「在做的事」而已，不知不覺中，它變成了我個人的「全部」。

每當我接受雜誌或節目專訪時，都對自己所處的情境感到困惑：我的生活去哪了？工作怎麼會變成全部呢？我太投入工作了嗎？我試著去回想，以前那個喜愛莫札特與布魯克納，對電影喜愛狂熱到從早場趕到午夜場，經常興沖沖跑到近郊攀岩，海邊追浪的年輕人去哪了？他怎麼不見了？我好久沒有見到他了？

就在我太在乎別人感受，為別人而活的同時，我也忽略「他」的存在。

昨天的新聞報導說，有一名旅行者，從挪威北角出發，歷經五個月的步行跋涉後抵達土耳其的伊斯坦堡，換作是以前的「他」，一定會興味盎然地探聽、研究浪遊者的南下路線。

公車亭海報上提醒著，下週在國家音樂廳，歐洲古典樂界的演奏新星，即將登臺演出拉威爾為左手而寫的鋼琴協奏曲，以前的「他」絕對立馬衝去票亭排隊，為的只是想現場聆聽他心目中最理性又浪漫的鋼琴作品。

經過公園時，看見老先生正虎虎生風地打著八極拳套路，以前的「他」，一定會熱血沸騰地跑去請教比劃，「靠崩捅埸攔撲」的六大開，如何才能像老師父這般俐落有勁。

那個對世界與生命充滿憧憬、好奇與熱愛的人，究竟去哪了？

我好久，沒有見到「他」了。

我想念「他」，我想念我「自己」。

「你要不要出去走走？」在廚房泡茶的娃娃大聲問道。

「……」過三秒鐘，我回過神來，「什麼？」

「出去旅行啊！」

「為什麼？」

「別問為什麼，我不喜歡你現在的樣子。」

「好，但是要去哪裡？可以去多久？我走得開嗎？」

話才說完，我發現正在說話的那個自己，好陌生。以前的「他」才不會問這些問題。

「你有沒有想去哪裡？」

「那就去西班牙吧！」我指著書櫃上的珍・莫里斯。

「西班牙？你不是去過很多次了嗎？」我們坐在書桌前，喝著太燙也太淡的茶。

「沒錯，但我要妳看看這一段。」我微微地激動，因為，我感覺到有什麼事正要發生，對於尚未開始的旅程感到興奮。

一九六九到七四年間，英國作家珍・莫里斯旅居西班牙，多年以後，她寫下了對伊比利半島的理解與想像，書名就是《西班牙》。

「唸給我聽好了，你沒看到我沒多餘的手嗎？」

我翻到第三十頁：

「通往西班牙最好的路口是龍塞斯谷（Roncesvalles）山口，深入庇里牛斯山區十條峽道中最可歌可泣的一條。這是高而險峻的路線，傳奇故事迴盪，一千年前，俠義騎士羅蘭在此吹起魔法號角，震耳欲聾，飛鳥紛紛墜亡在他周圍，這裡也是野蠻巴斯克人撲向查理曼大帝後衛部隊的所在，殺死了他大部分的武裝精銳。整個中世紀期間，朝聖隊旅經由龍塞斯山谷緩緩南行，前往星野聖雅各主教座堂（Catedral de Santiago de Compostela），高舉著棕櫚葉編織的十字架，唱著英勇聖詩。歷代統治者經由此路進入西班牙……在這裡，一八一三年英軍將拿破崙趕出西班牙，內戰期間，數以千萬的難民也是沿著此路奔向自由……」

「……」娃娃狐疑地看著我「So……所以呢？」

「就是這條路啊！星野聖雅各的朝聖之路。」我試著壓抑住興奮。

「那要花很多時間吧！」換她以不信任的眼神看著我，「你行嗎你？」

「欸，沒禮貌！」我轉身從書櫃下層，拉出Philip's的地圖集，翻到庇里牛斯山區的扉頁，指著法國與西班牙邊境，「從這裡出發！」然後指著大西洋畔不遠的所在，「然後到這裡。」

「你知道有種發明叫Google Maps嗎？」娃娃沒好氣地看著我。

「煩咧！這樣比較有Fu啊！」我笑著對她說。

我們總因為沒有勇氣做真正想做的事，所以，到頭來總是做差強人意的自己，我要抓著自己的頭，將自己拖出自憐自艾的泥沼。

一切就從法國南部的聖讓皮耶德波爾（Saint-Jean-Pied-de-Port）開始。

旅行，流浪，不需要冠冕堂皇的理由，或為賦新詞強說愁的藉口。有時候，離開，就是唯一的理由。

我聽見，遠方的風聲，呼喚著。

我看見，久違的自己，在路上等我。

「好！Why not？」一盞茶的時間，我們就敲定了行程。

「不過我先告訴你，我是不會陪你走八百公里的。」她狡黠地看著我，「不過，我會在終點站等你，這會是你一個人的旅程。」

「大姊，不要搞我啊！」我看著她，「確定不跟我一起來？」

「白痴啊你，我只是想，你應該一個人靜一靜。」

就在這暮春三月的微涼向晚，我決定踏上千年朝聖之路，向未知前進。

CH. 01

聖雅各

孤獨的開始

「我需要獨處
我需要在孤獨中，反省自己的恥辱與絕望
我需要無人同行的石板路與陽光
不需要任何對話
只需要在沉默中與自己面對面
傾聽內心的音樂」
—— 亨利·米勒《北回歸線》

該怎樣和未曾遠行，尚未出發的你，說明西班牙，還有聖雅各之路是怎樣的存在？而我為什麼又來到這裡呢？出發前，行進中，甚至在返回以後，這簡單的問題，一直困擾著我。

首先，讓我向你坦白，當年少的我對世界仍一無所知的時候，西班牙就抓住我的心。

在這半瘋狂的遙遠國度，女人穿戴亮紫豔紅，跳著狂野奔放的舞蹈，男人身著華麗禮服，在競技場與野獸廝殺；歌手沙啞地唱著古老的陰鬱，作家則以文字炙烙出生活的不安。西班牙是騎士與航海家的國度，詩人與藝術家的夢土，在圖書館乏人問津的書卷裡，在光鮮動感的旅遊節目中，我一筆一劃地勾勒出伊比利半島的美麗，感覺就像我另一個家，素昧平生的精神故鄉，總有一天，我一定會住在那裡。

然而，後來的人生，和想像的未來有很大的出入，我先在世界各地轉圜許久，終於進入歐洲，又因為某個機緣，我才踏進心心念念的安達魯西亞，在塞維亞短暫居留。

頂著令人喘不過氣的烈日，我在舊城的今生與前世間往來穿梭；渴了，摩爾人的古井是我的綠洲；餓了，吉普賽人的攤販是我的信靠；累了，就躲進美術館，用藝術的清涼滅卻身心的疲憊煩惱。

其中，我個人特別喜愛塞維亞美術館（Museo de Bellas Artes de Sevilla），這裡不會有喧嘩惱人的觀光團，也不常遇到魚貫徐行的校外教學。我偏愛那些昏昏欲睡的午後，在幾近無人的博物館信步漫遊，享受空間與藝術品交會的玄默神秘。市場追捧的名聲、評比、價格都不存在，唯一重要的，是我與創作者的安靜對話。

如果，你尚未聽說過塞維亞美術館，就讓我來告訴你這裡有什麼：蒼白的國王、強悍的皇后、殺人如麻的將軍、愁容滿面的神子、貴氣凌人的聖母、腦滿腸肥的大主教、鮮血淋漓的殉道者……靜物畫、風景畫、戰爭畫……文藝復興、新古典、浪漫主義、印象派……我看到許多熟悉的畫作，更認識不少從來沒聽過的畫家。每幅作品都像某種謎語，唯有揭開時間重重的帷幕，才得以窺探全貌。

也有人稱此地為「伊比利納骨塔」，意指博物館蒐藏的畫作，內容盡是高燒不退的宗教狂熱、偏執的異端審判、變態血腥的殉道方式……一座對死亡與苦難充滿熱情的博物館，對中世紀頻頻回首，拒啟蒙歐洲於千里之外的西班牙。

在世界與大雅各不期而遇

我在一幅又一幅不苟言笑的臉孔中，找到了他。十七世紀暗色調主義（Tenebrism）大師里貝拉（José de Ribera），於一六三四年所創作的〈大雅各〉（Santiago el Mayor）。

存在感濃厚的沉鬱色彩，戲劇感十足的光影效果，與我們對視而立的堅定眼神，透露出某種不可動搖的決心。清晰的線條，意外地表現出冷冽的澄澈明朗，使徒的披風顏色像著了火，那是我們在烈焰中看到的那種朱紅，畫家構建出某種介於現世與超現實的真實，十分動人。

如果我們把畫中人物的頭與雙手拿走，你會看到一座紅色的殉道紀念碑，里貝拉是位極具個人魅力的藝術大師，他擅長運用顏料，與我們討論陰影、色塊所創造出來的感覺空間：你可以用眼睛撫摸緞面上的皺褶，同時承受無所不在的幽暗。

如果將大師里貝拉〈大雅各〉畫中人物的頭與雙手拿走，彷彿會看到一座紅色殉道紀念碑。

達文西〈最後晚餐〉畫中，位於耶穌左側的大雅各（紅框內右二）血脈賁張的憤慨表情栩栩如生。

我想起荷蘭小說家費斯特代克（Simon Vestdijk）曾經對於林布蘭的繪畫提出個人的見解：「我們永遠不會明白林布蘭的想法、情感或動機。我們對林布蘭的創作意圖，正如我們對非洲雕塑的創作者同樣一無所知……現代人在這些抽象難解的雕塑造型中看見野蠻的魔鬼信仰與光怪陸離的精神世界，這是非洲先民們想都沒想過的事情。」小說家接著寫道，「或許，對一件藝術創作的終極肯定，在於它超越了原創者的意圖，讓不同世代的人，都可以在裡頭找到映照自身生命與世界。」

里貝拉的創作也是同等強烈、難解，一種幾近於神秘主義的隱晦，不過這正是西班牙的特色：剛毅、倨傲、倔強，發散出苦修的堅忍氣質。同時，也是西班牙人心目中使徒大雅各的形象。

使徒大雅各，在我心中留下深刻印象。

後來，我在世界各地，與使徒大雅各不期而遇。

如果，你看過〈最後晚餐〉（The Last Supper），那一定對大雅各血脈賁張的憤慨印象深刻。

達文西以奇特的筆觸，捕捉當學生們聽到老師說「你們之間，有人背叛了我」後的微妙反應。其中，大雅各怒目而視，起腳動手的血性火爆，彷彿就在眼前。

耶穌曾為大雅各取了暱稱：「半尼其」（Boanerges），意思是「雷霆之子」，用中學生可以理解的語言，就是「氣嘟嘟」。相傳某天，因為撒馬利亞某村的鄉民不肯接待耶穌，大雅各就向老師建議，求主從天上降下火來，燒滅這些對神子侮慢的人，一如先知以利亞，求以色列的神用天火「燒盡燔祭、木柴、石頭、塵土，又燒乾溝裡的水」一樣，燒滅那些無禮的鄉巴佬。

就這點，大雅各與孔子學生子路，還真有幾分神似。

比較特別的是，大雅各在福音書外的文獻記載，實際上只出現過兩次。第一次是五旬節時，他的名字出現在受聖靈傾注的使徒名單上；另一次則是被希律亞基帕王所殺。也就是說，大雅各並不如彼得、約翰或保羅等使徒來得活躍，但為什麼他會成為天主教世界中獨樹一格的聖人呢？

光是這樣想，就覺得很神奇，有點像是網路鄉民間津津樂道的「曼德拉效應」（The Mandela Effect，指記憶與事實有所出入），是歷史或集體記憶出了什麼問題嗎？

根據言之鑿鑿的傳奇故事，西元四十年一月二日（你瞧，連確切日期都有！），當時大雅各旅行至西班牙宣揚福音，但同時也對自己無力達成老師的理想而感到沮喪絕望，就在這個時候，聖母瑪利亞在埃布羅河畔向大雅各顯現，鼓勵他堅守自己的道。後來，他在顯聖地薩拉戈薩（Zaragoza），創建舉世聞名的「聖柱聖母聖殿主教座堂」（Catedral-Basílica de Nuestra Señora del Pilar）。可以篤定的是，這是歷史上第一座聖母教堂，也是伊比利半島的信仰重心之一。

正因為這層傳奇緣故，西班牙人認定大雅各與伊比利半島有著特殊情緣、神秘連結。大雅各無所不在，大雅各是屬於西班牙的。

西元四四年，大雅各在以色列殉道，他的遺體被學生西奧多（Theodore）與阿塔納修（Athanasius）經由海路運送到伊比利半島，結果，一路上遇到許多災禍，其中最嚴重的意外是：在暴風雨中，運送聖人遺骨的船沉了。劫後餘生的學生們掙扎逃上岸，正當流淚哭泣遺失聖徒遺骨時，神奇的事發生了。沉船上貼滿了扇貝，然後像電影《神鬼奇航》裡「漂泊的荷蘭人」一樣從海上冒出，驚嚇指數破表。

另一個廣為流傳的版本，同樣是運送聖雅各遺骨的船隻在海上遇到風浪，船上的馬受驚，結果與安撫牠的騎士一同跌入海中，過段時間，又連人帶馬從海中浮起，身上同樣貼滿了扇貝。

歷經艱險波折的聖髑，最終埋骨於加里西亞（Galicia）名不見經傳的小村。

使徒大雅各的冒險傳奇

傳說故事生動地說明，為何使徒大雅各會出現在西班牙，而他的象徵物是大西洋的扇貝，並非斬首的劍（教會圖譜多以殉道的刑具、凶器做為象徵）。後來更演變成加里西亞與聖雅各朝聖者的徽章。

使徒大雅各的冒險傳奇，還沒結束。

接下來，是八百年的淒風苦雨。羅馬人、西哥德人與阿拉伯人，在這裡圍獵、耕種、成家、建國，以各式各樣實質或虛構的方式劃定界線，區分彼此：行省、王國、莊園、太閥（Taifa，指伊比利半島上的穆斯林小王國）、哈里發國、自治區。

漫長歲月中，人們遺忘了，在這塊土地某個隱蔽之處，主耶穌的門徒大雅各就在這裡，卻下落不明。

西元八一三年七月，一名牧羊人在星星的指引下（也有人說是流星墜落的地方），發現了被遺忘八百年的聖雅各遺骨，故事所在地就被稱為Compostela，意思就是「繁星之地」，聖雅各城也在此處奠基。當然，其中還包括了極為複雜的轉折，究竟羅馬教廷及北方的查理曼是如何認定遺骨就是聖雅各？後人不得而知，「主的行事是神秘的，」我們不可以對傳說提出令人尷尬的質疑。

可以確定的，西元九世紀的伊比利半島，在穆斯林哈里發的統治下欣欣向榮，而仍在瘟疫、饑荒與戰亂中匍匐前進的基督教歐洲，大概無法忍受一榻之外，盡是異教徒的富裕繁華吧！正是此時，由北方法蘭克王國（Regnum Francorum）所號召的基督教復興運動，得到西班牙天主教君王貴族的熱烈回應（注意到我的措辭嗎？君王貴族，沒有尋常百姓）。聖雅各遺觸的發現，讓神聖信仰背後染上撲朔迷離的政治色彩。

曾經與查理曼結盟，位於西班牙北部的阿斯圖利亞王國（Regnum Asturorum），是伊斯蘭奧米亞王朝征服伊比利，西哥德人滅亡後，當地人所建立的第一個基督教王國，也是將天主教信仰深植西班牙的重要推手。

其中，被稱為「貞潔王」（el Casto）的阿方索二世（Alfonso II de Asturias），在得知聖雅各遺觸發現後，興致勃勃地成為第一位前往「繁星之地」朝覲的旅行者，而他所走的路線，今天則稱之為「初始之路」（Camino Primitivo），雖然距離不長，「只有」三百七十公里，但因為步徑曲折險僻，所以仍然是條備受尊崇的朝聖古道。

自從阿方索二世後，朝聖客開始絡繹不絕前往聖雅各城朝覲，我在網上查閱最古老的朝聖紀錄，是成書於一一七三年的《卡里斯都抄本》（*Codex Calixtinus*），也是第一本前往聖雅各城觀光旅行的導覽手冊，裡頭用極其溫柔的文字寫道：

「即使路面狹窄，朝聖之道是美好的。它用狹隘提醒我們，生命有限，而死亡引領的救贖卻是廣闊的。朝聖之路是為良善所鋪設的，即使因為沉默而被人忽視，或身體有殘缺，都可以來到路上……心懷謙卑與悔恨，走在公義的道路上，修驗美德、赦免罪惡，接受生命的祝福與恩典，確保自己能遠離地獄，進入應許之鄉。在路上，朝聖者遠離美食的誘惑，消去貪婪的脂肪，以飢餓淨化我們的靈魂，進入沉思、帶領靈魂走向圓滿……在簡單、清貧與平靜中，朝聖者會發現，神恩就在其中。」

千年來，無論是宗教或非宗教理由，人們懷抱著遺憾、悔恨與迷惘，走上通往救贖的漫漫長路，而正是此刻的我，所需要面對的一切，打包著自我的生命課題，步入寬容與理解的朝聖之路。

過去十多年，因為各式各樣的目的：會議、博物館、訪友、訪問、療傷……拜訪過西班牙許多次，但沒有一次像這趟朝聖，如此令我感到躍躍欲試。

我們總是懷抱著某種目的遠行：為了新企劃案的腦力補充、進入人生下一階段前的心理準備、突破自我極限的體能挑戰、或只是想要減掉幾公斤的贅肉……當然，無論是出發前，或者是在路上，我還是會思索「為什麼要來走聖雅各之路」？我真的需要這趟旅程嗎？我想要在路上找到什麼？我能在路上找到什麼嗎？直到上路之後，才逐漸明白，這不僅只是個人煩惱而已，更是千百年來走在路上人們的自我探問。

唯有真正上路才會發現

出發前一個月，每天花些時間，在資訊的汪洋中載浮載沉，試著辨認出南北西東，找到自己航行的方向。

「每個人都有權利決定自己的路怎麼走。」這是法蘭西文學院士尚—克里斯多夫．胡方（Jean-Christophe Rufin）在完成聖雅各之旅後寫下的一段話，「不過，到最後，他們只有兩個選擇，穿越高山的法蘭西之路，與沿著大西洋岸行走的北方之路。」

從法國與西班牙邊境出發的「法蘭西之路」（Camino Francés），是從查理曼南征路線衍變而成，從聖讓皮耶德波爾（Saint Jean Pied de Port）展開，翻越庇里牛斯山，沿途經過奔牛之城潘普洛納（Pamplona）、酒鄉里奧哈、奇蹟之城聖多明各（St Domingo）、中世紀瑰寶布爾戈斯（Burgos）、卡斯提亞（Castilla）一望無際的曠野、王都萊昂（León）、加里西亞（Galicia）地方的崇山密林，最後抵達聖雅各城。中世紀以來，法蘭西之路就是朝聖者的首選，根據可信資料統計，十一世紀時，每年朝聖者就曾高達五十萬人次，遠在交通不便的前工業時代，實在是件難以想像的事實。

有別於大眾化的法蘭西之路，「北方之路」（Camino del Norte）則是以羅馬帝國阿格里帕大道（Via Agrippa）為基礎發展而成，沿著比斯開灣一路西行，多風、多雨、多山，除了幾個著名的大城市：聖賽巴斯汀（San Sebastián）、格爾尼卡（Guernica）、畢爾包（Bilbao）、桑坦德（Santander）、奧維耶多（Oviedo）以外，人煙罕至，城鎮之間的距離相當遙遠，是長途跋涉狂熱分子的第一選擇。

的確，千年來前往聖雅各城的朝聖客們，進入西班牙後，大致上來說只有這兩項選擇，兩個選項都不容易，畢竟，在二十一世紀的今天，走上八百公里的路，怎麼想，都是件不合時宜的任務……這一切到底有什麼意義，我想，唯有真正踏上路後才會發現。

在權衡工作、家庭與種種因素之後，決定以有限時間完成法蘭西之路。

但其實，出發當天，我還沒決定好要走哪一條路線！

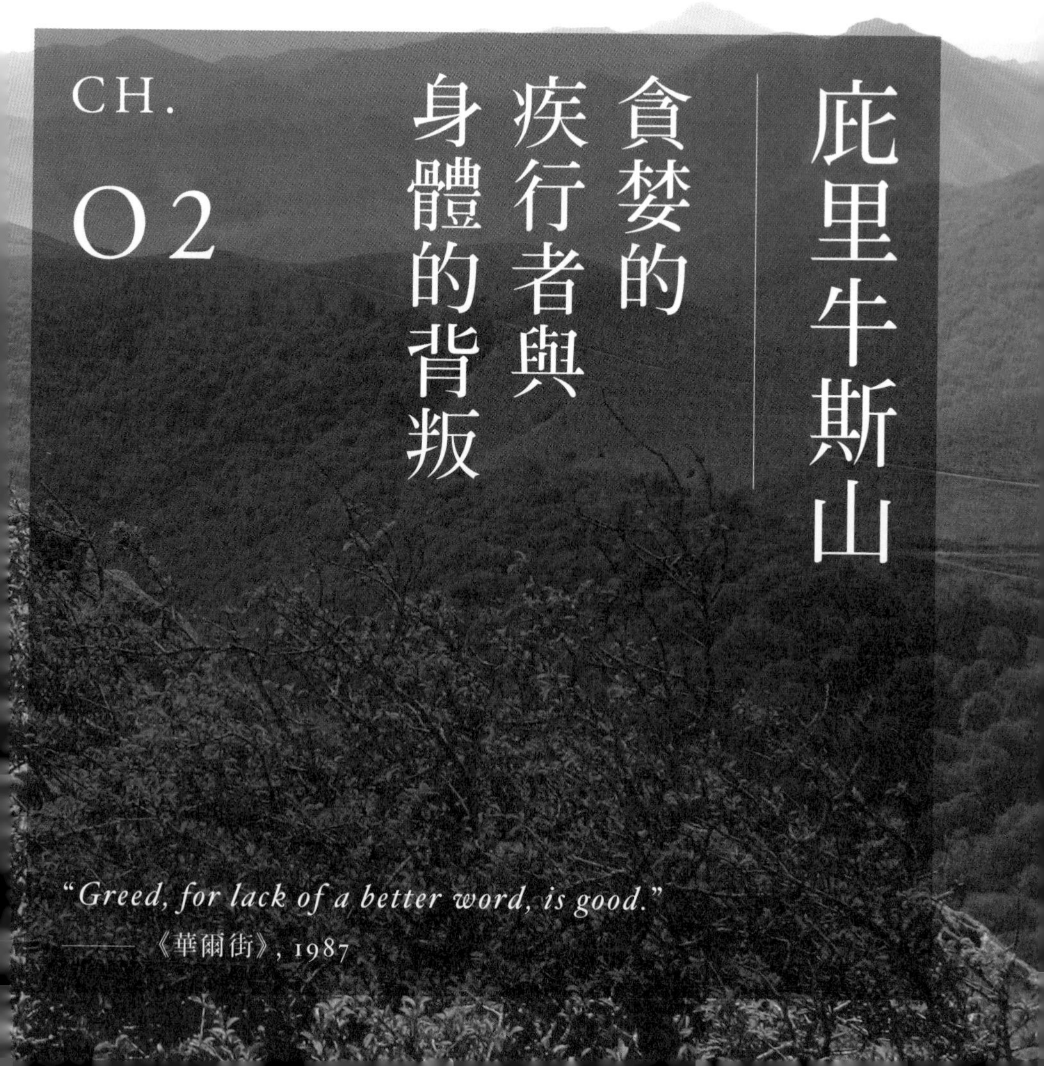

CH. 02

庇里牛斯山

貪婪的疾行者與身體的背叛

"Greed, for lack of a better word, is good."

——《華爾街》, 1987

區間：聖讓皮耶德波爾（ST-Jean-Pied-de-Port）→ 潘普洛納（Pamplona）
里程：69.5 Km
移動：步行

我向上凝視，眼前是一面急遽攀高的險坡，之字形的上坡路延伸至難以想像的遠方，在綠茵與白堊的盡頭，是閃爍耀眼的天空。

這是我在聖雅各之路的第一道考驗：從海拔僅有二百公尺高的聖讓皮耶德波爾出發，目標是翻越一千四百三十公尺的 Collado Lepoeder，下切至著名的荊棘之谷，抵達龍塞斯谷修道院。

前一天，我在巴黎遺失了所有的信用卡，這意味著在接下來的旅程，要以手頭僅有的現金完成八百五十公里的朝聖之路，而且，還要先想辦法從戴高樂國際機場前往庇里牛斯山腳下的聖讓皮耶德波爾。

原先從機場搭TGV直接奔向法國南部的計劃，因為班次座位超賣而搭不上車，唯一的方法，是從第二航廈搭區間電車，先到巴黎市區惡名昭彰的北站，轉乘地鐵至河左岸的蒙帕納斯車站，再碰碰運氣，看看能不能買到往聖讓皮耶德波爾的車票。

聖雅各之路第一站，從海拔僅有二百公尺高的聖讓皮耶德波爾出發。

步向成熟學會孤獨自處

我並不是一個訂定旅行計劃，然後確實執行的人。事實上，關於旅行（或是流浪），我只設定目標及方向，至於其他的一切，就隨遇而安，即使過了這麼多年，依舊任性、依舊自由。

正因為如此，在旅途中等待我的，總是驚喜、驚奇與驚嚇，以及更多的驚喜、更多的驚奇與驚嚇。在近乎我行我素的飄浪中，我學會入境問俗，隨緣自足，更重要的是，學會與孤獨自處。

「當我們在追求人際關係時，所渴望的，是與人接觸，人的溫暖，及擁有被關愛的感覺。而在孤獨追尋的過程，我們所需要的，是社群往來裡沒有的經驗——深入自己的內在，探索精神上的價值，並嘗試進入超脫的心靈境界……」換句話說，追尋孤獨，或孤獨的追尋，是身而為人，步向成熟不可避免的過程。

不過，無論是成長，或是邁向成熟，都必須付出相當代價的。

遺失所有的信用卡也是嗎？

我遙望著遠方隱沒在朝霧中的山村，不禁笑了出來。

這一段路我走得很快，平日的體能訓練顯現出它的成果。配合著呼吸，我一步一腳印地向一千四百三十公尺的峰頂走去。

山徑是壯麗而優雅的延伸，庇里牛斯山以西班牙壁壘的方式，矗立在山徑的盡頭。山徑兩側，是從谷間騰起翻滾的雲海，地平線的另一端，依稀可以看見久經歲月蝕刻、烈日曝曬的伊比利半島，戲劇化地在遠方開展。

西班牙的壁壘庇里牛斯山，壯麗而優雅延伸的山徑兩側，是從谷間騰起翻滾的雲海。

這是聖雅各之路的第一幕第一景，威爾第或普契尼應該為它寫部跌宕磊落的歌劇才對，一部既陰暗又光亮刺眼的作品，歌頌聖雅各之路的驕傲與不凡，榮光的帝國歷史在荏苒時間裡壞朽，虔敬的宗教情懷在工業文明中毀蝕。這段長路會見證西班牙的神采與黯淡，血腥殺伐的戰爭場景、高昂激烈的法庭辯論、纏綿悱惻的男女情愛、荒謬無稽的怪誕妄想、不可思議的宗教神蹟……葛雷柯的激越糾葛、祖巴蘭的虔誠篤實、哥雅的神秘黑暗、畢卡索的解構前衛，當然不能忘記，還有米羅的童趣與達利的痴心妄想……所有的一切，都在山的背面，靜候朝聖者的到來。

而我在這裡，卸下世俗所加諸的種種頭銜名號，擺脫觀光旅遊的狹隘觀點，加入數世紀以來，前往聖雅各城的行軍隊列，成為千萬名貧苦卑微的朝聖者之一。

先一夜好眠再說吧！

我在午後三點左右，抵達旅程第一座庇護所——龍塞斯谷修道院。就在我抵達庇護所前五公里的狹長谷地，就是一千二百多年前基督徒與穆斯林廝殺的所在，後來巴斯克人也在兩側密林中伏擊法蘭克人軍隊，建立潘普洛納王國。為了收拾、安撫在戰場上的亡靈，一座具有神聖法力的修道院是必要的存在。

不過，根據教會文獻的記載，龍塞斯谷是十二世紀才出現在地籍

ARTIZARR
LE ROI DU
GÂTEAU BASQU
CONFISERI
SALON
DE THÉ
BARBIER MILLOX
BANAKO

清冊上，查理曼與羅蘭騎士的傳說，更是四百年前的舊聞軼事，僅管如此，我們還是可以從外觀上端倪出戰爭的蛛絲馬跡：從遠方觀察，修道院更像是捍衛天主教信仰的堡壘，沒有吹噓當年勇的浮誇，也沒有好戰尚武的標示，就這麼堅壁清野、面無表情地座落在谷間最開闊的所在。

我拿著前一天在聖讓皮耶德波爾所辦理的朝聖者護照，入住這座規模龐大的庇護所（Albergue），百分之九十的朝聖，第一夜都會在此地落腳。在前往聖雅各城的路上，尤其是在西班牙境內，朝聖者可以憑著朝聖者護照，以非常划算的價格（五至十二歐元，端看設備地點而定），就能擁有一張床（大部分沒有被子），與所有人共用的衛浴及廚房。

庇護所的分等，可從星級飯店的尊榮享受、平價可人的青年旅舍、親切溫暖的鄉間民宿，到像浩劫過後的難民收容所，應有盡有，可以依照自己的能力與喜好選擇。我特別鍾情古老修道院或教堂改建的庇護所，不為別的，只是偏愛它的幽靜與無華氛圍。

步行者可依照個人喜好與能力選擇不同等級或風格的庇護所。

不久後，你就會發現，在庇護所的夜晚，不是休息，而是另一項痛苦的考驗。在眾生雲集的場域中，你要用開放的心態去面對所有發生的一切：像戰爭號角般連綿不絕的鼻鼾、因為痠痛而呻吟喃喃的夢囈、糖炒栗子式翻來覆去的吱軋聲響，以及百味混陳的複雜氣味，它們會像潮水般不斷拍打你的感官，浸蝕你的精神，掏空你的意志。幸運的話，白天的疲倦乏力會順利地引領我們進入夢鄉，一覺到天明。但總有幾個夜晚，你會因為莫名的愁緒而失眠，會因為窗外喧嘩吵鬧的青少年而難以入睡，或者是床鋪太硬、太軟、晚間太冷或太熱而輾轉反側。最後，當天亮時起身上路，你會一路與失眠（或宿醉）的暈眩搏鬥，像是舊約聖經中雅各與天使摔角般具有戲劇張力，至於應許之地的承諾、永生的救贖……先一夜好眠再說吧！

庇里牛斯山區的卡哥特人

第二天清晨，我在天色昏暝之際離開修道院。我刻意關閉太過光亮的頭燈，踏著夜露，步入黑暗，正式走進惡名遠播的卡哥特之地（Cagoteries）。

卡哥特人（Cagot）是舊時代歐洲的賤民階級，主要居住在現代西班牙東北部的納瓦拉（Navarra）、巴斯克（País Vasco）、亞拉崗（Aragón），法國西南方的加斯科涅（Gascogne）、貝阿恩（Béarn），與遙遠的布列塔尼半島。他們的名稱來自於「狗」（Caas）和「哥德人」（Goth）的合併。

在血統上，卡哥特人與一般生活在法蘭西與西班牙邊界居民並沒什麼不同，信奉相同的宗教，說著相同的方言，但他們的生活卻被強烈的限制：進出教堂時只能使用特定的小門，坐在特定的陰暗角落，聖水皿也不一樣，在側邊會刻上狗的圖案。即使是立誓奉獻給上帝，胸懷大愛的神職人員也不會碰觸他們，無論是施洗或領聖餐，卡哥特人以專屬的木匙末端領禮——這也是歐洲人用「含木湯匙出生」比喻出身低賤的由來之一。

在公眾生活中，卡哥特人有特定的姓氏，並詳細記錄於市公所的檔案館中，日常服飾則強迫佩戴鵝掌或鴨腳來識別，與猶太人的黃絲帶及大衛之星有異曲同工的嘲諷。卡哥特人赤足在街上行走，或與其他人一起吃飯喝酒是犯罪行為，也只能從事木工、繩匠或屠夫。

卡哥特人的存在，是自恃優越先進的歐陸文明，舊時代的膿瘡。

法國大革命期間，這群長久受壓迫的邊緣族群終於爆發，他們大肆進攻政府機關，並且特意放火，焚毀關於卡哥特人的出生證明文件。不過當地民眾早已將卡哥特人的姓氏與特徵編入順口溜與兒歌，根深柢固的歧視，要遺忘可不是這麼容易。

「畸形的大鼻子、太闊的鼻孔、令人不舒服的高顴骨、沒有耳垂的耳朵，以及帶有氣味，毛茸茸的身體……」十七世紀法國史學家皮埃爾・德・馬卡（Pierre de Marca）以偏見寫滿他對卡哥特人的觀感，「他們是食人族、痲瘋病患、異教徒、西哥德人（Visigoth）與撒拉森人（Saracen）雜居混血的低能後裔。」我坐在Espinal的早餐咖啡館，看著在吧檯內忙進忙出的老闆，咦！活脫像是從書裡走出來的卡哥特人。

到了十九世紀，卡哥特人搖身一變，成為庇里牛斯山區另類的觀光體驗。英國維多利亞時代的旅遊指南，特別針對想翻越山區的旅行者提出良心的建議：「當卡哥特盜匪出現時，你應該感到高興……用笑容與輕鬆的心情，將身上的財物交給對方，當他們揚長而去時，你在伊比利半島的旅遊經驗，就更加完整豐富。」

羅西尼與奧芬巴哈的歌劇，就曾經拿過這個梗當做笑點。

又過了一百年，卡哥特人低賤種姓的標籤，隨著歲月消磨而褪去。二十一世紀的今天已經不太有人記得這段往事。

迫害源自對傳染病的深層恐懼

不過，為什麼歐洲也會有賤民種姓呢？不是只有被文明遺棄的吉普賽人嗎？

根據可靠的史籍研究，卡哥特人的先祖源起有兩大可能：首先，有些學者堅持這群受迫害的賤民，有可能是中世紀阿爾比十字軍（Albigensian Crusade）征戮下的難民後裔。十三世紀第一百七十六任教宗英諾森三世，不僅發動了對伊斯蘭世界的十字軍，對於歐陸境內不服從羅馬教廷的「異端」也不手軟，阿爾比十字軍可說是其中最聲名狼籍的一場軍事行動。創造「種族滅絕」（genocide）一詞的史學家拉斐爾・萊姆金（Raphael Lemkin），就認為阿爾比十字軍就是對異端教徒所實施群體滅絕罪行。這場長達二十年的殺戮征伐至少有二十萬人喪生。即使後來倖活下來的人們也都改宗，歸順了羅馬教廷，但社會大眾基於「政治正確」的害怕，刻意與這群人拉開距離。

不過更有可能的，卡哥特人是漢生病（Leprosy，俗稱痲瘋病或癩病）的受害者後代，依照中世紀教會政治不正確的說法，漢生病患者「痛苦至極，醜陋無比，是上帝對異端嚴厲且無言的懲罰」，不僅是病患本人，就連家屬也一併打入社會底層，這可以解釋為什麼當時社會對卡哥特人設下種種圍堵及限制，完全出自於對傳染病的深層恐懼。

無論是令人聞之色變的漢生病，或者是中世紀的宗教異端，都以各自的姿態，向世人宣告庇里牛斯山區文化的複雜多變。

不同於第一天彷彿沒有止境的爬升，第二天的路徑幾乎是一路下行。林道上經年累月厚積的松針落葉，鋪就成色彩斑斕的天然錦織，踏出的每一步都感到淋漓暢快，而每一步所拂動的空氣，都揚起教人心曠神怡的芬芳。陽光出來後，我下意識地加快腳步，彷彿體內壓抑不住的能量在沸騰，可以讓我一路奔跑至聖雅各城。

在過度自信，毫無休息的快行中，我忽略了腳底滾燙的警訊，在過度樂觀的奔馳裡，我漠視隱隱作痛的膝關節，如此不假思索的莽撞衝動，為接下來的兩週帶來無窮盡的疼痛折磨。

在穿越 Alto De Mezkiritz 的林道旁，我訝異地發現「小心野熊出沒」的警告標示。

我一直以為庇里牛斯山熊，只生活在離聖雅各之路西側的阿斯佩（Aspe）地區，十四世紀的朝聖指南，還特別注記：「庇里牛斯山的棕熊是最常見的野獸，大家都看過，不需要多花筆墨描述形容⋯⋯」十五世紀後隨著火槍的應用與普及，熊群被大量獵殺而銳減，而十九世紀的畜牧業，是另一波庇里牛斯山熊族的浩劫。村民在山區大量放牧，侵占壓縮了熊群的生存空間。每年春季，當棕熊自冬眠甦醒過來後，發現牠們的食物愈來愈難找，最後，只好撲食那些咩咩叫的新住民。牧羊人先是用槍射殺牠們，後來則使用更有效率的番木鱉鹼毒害牠們。

庇里牛斯山區的畜牧業就此欣欣向榮，熊群數量則快速下降。

上個世紀二〇年代，昔日庇里牛斯山村所販售的「純正熊膏」消失了，馬戲團被訓練來跳舞的熊不見了，理髮店門口的棕熊標本也沒有了。庇里牛斯山熊正逐漸退出人類霸占的世界。根據不太詳實的統計，第二次世界大戰期間，約莫還有二百頭左右的山熊，在樅樹與山毛櫸林間晃蕩，到了九〇年代末，大概只剩下十頭而已。最終，在這四百九十一公里長，最寬處有一百二十公里的庇里牛斯山區，熊群的數量，遠比北海道熊還來得稀少，這無疑是令人心痛的。

行走在文明與蠻荒的邊陲，看到野熊出沒的警示，不禁令朝聖者們豎直背脊，緊張兮兮地留神傾聽。可惜，我什麼也沒發現。

沿途路標都可見到有聖雅各之路「扇貝」象徵的標誌 。

朝聖新手的激動

當我抵達Zubiri時，差十分鐘才正午，按照旅遊服務中心的溫暖提醒：「朝聖者們應該在此地過夜，享受庇里牛斯山的最後一夜。」最後，附上強烈建議幾間設備看起來相當不錯的庇護所。

看著手上的地圖，前往下一座休息站，只有短短的二十三公里而已！自顧自輕忽地妄想著，「拚一下，傍晚就到潘普洛納吧！」

在確認補充過水後，我決定繼續向前。

朝聖新手的激動捕捉了我的理智，在前往下一座大城的路上，內心無法平復，莫以名之的興奮，溢於言表，對於終點操之過急的熱望蒙蔽了雙眼，這一路上我咬緊牙關，強忍疲憊與飢渴，驅策自己不斷向前。

在此，我忽略了一項簡單的事實：即使你天天上健身房運動，馬拉松式的長距離跋涉是另一回事，長時間負重行走更加劇了朝聖的難度。啟程算來的頭五天，都算是開機試車而已，實在不應該逞強貪快。

隨著行走時間的拉長，明顯地感受到自己走路的速度慢了下來，漸漸地，我感受到興奮在體內消褪，取而代之的，是源源不絕的疲累，四肢彷彿有了自己的意志，透過難以自制的顫抖警示我體能即將逼近臨界，當我回過神後，我站在一處幽暗黝黑的密林旁，耳畔響起但丁《神曲》的第一章第一節：

「我走過人生的一半旅程，
卻又步入一片幽暗的森林，
這是因為我迷失了正確的路徑。
啊！這森林是多麼荒野，多麼險惡，多麼舉步維艱！
道出這景象又是多麼困難！
現在想起，也仍會毛骨悚然，
儘管這痛苦的煎熬，不如喪命那麼悲慘；

但是要談到我在那裡，如何逢凶化吉而脫險，

我還要說一說，我在那裡對其他事物的親眼所見。

我無法說明我是如何步入其中，

我當時是那樣睡眼矇矓，竟然拋棄正路，不知何去何從。」

與自己身體的獨處

冷靜下來後，眼前的森林頓時失去魔法，從羅蘭騎士馳騁的戰場還原成極其普通的灌木叢；修道院破落的石垣，在午後的陽光下顯得格外空洞刺眼；蒼蠅、牛糞、狗屎處處可見，從別人家後院經過時，還可以看見殘破不堪的遮陽傘、廉價悲傷的金屬桌椅、發出惡臭的垃圾廚餘，與精神分裂的惡犬……一切的一切都在提醒我，聖雅各之路就只是一條極其普通的漫漫長路，一連串平庸無奇的風景組合，但是在前往聖雅各城的艱辛跋涉中，所有的朝聖者都要通過程度不一的身心煎熬，這是所有的朝聖者避無可避的關卡。唯有通過試煉的朝聖者，才能體會聖雅各之路的神秘與不凡。

朝聖的第一道關卡，正是「與自己身體的獨處」，無數的朝聖客都在這一坎被刷下來，據說，有百分之三十的朝聖者會在這裡敗陣退場。

希望我不是下一個。

接下來的三小時？四小時？我已不記得了。我懷著戒慎恐懼的心，一呎一呎地向前推進。不知道從何時開始，每個邁步都夾雜著刺痛與苦楚，在樹林中穿梭，感覺會舒緩些許，不過當接近現代柏油道路時，疼痛就會被增幅放大，我試著定下心來，回憶昔日在喜馬拉雅山區與撒哈拉的經驗，將速度放慢，步距縮小，仔細地感受身上肌肉的運作，試著將身體的損傷降到最低。

我真的不想，在第二站就淘汰出局。

向晚時分，我站在城郊的涼亭，遠眺著名的奔牛之城。

自從西元前七五年龐貝將軍在這裡設置軍事據點開始，潘普洛納就一直是座慷慨激昂的風雲之城。從北方高盧地區翻山越嶺而來的強盜，這裡是劫掠伊比利半島的第一頓盛宴，制定《尤里克法典》（*Codex Euricianus*），著名的西哥德人國王尤里克（Aiwareiks，c.440-484），就占領過潘普洛納，後來法蘭克之王希爾德里克一世（Childéric I）也來了。往後的千年裡，神聖羅馬帝國查理曼大帝、摩爾人、拿破崙與威靈頓都征服過它。

經過兩天疲於奔命的行走，最後，才愚鈍地意識到自己身體真的需要休養，不過已經太遲了，全身上下所有的肌肉及關節，都不由自主地顫抖，這是負重二十公斤，疾行五十公里的下場。

現在，我迫切地需要休息，眼前的潘普洛納，成為我在朝聖路上，唯一傷停的城市。

Barátom,
dr. Várszegi Ernő itt
vesztette életét 2016.05.19-én életünk
nagy vállalkozásán, az El Camino-n.
Dávid Ede

CH. 03

明天，太陽依舊昇起

海明威的潘普洛納

「生活，總是讓我們遍體鱗傷，不過後來，
那些曾經受過的傷，終將長成我們最強壯的所在。」
—— 海明威，《戰地春夢》

熾烈的陽光，將街上的人潮蒸發了。空氣中飄浮著某種欲振乏力的慵睏，即使是過動的吉娃娃，在這樣的午後也顯得無精打采。

過度操勞的肌肉，休息一晚之後，不知道為什麼，時不時就抽筋，疼痛時，連多走兩步都是苦難。我討厭這種，放冷箭式的抽搐，這是身體對自己的背叛。

不得已，我只好躲到主教座堂大門旁陰影中，逃避充滿惡意的陽光，不遠的另一邊，一位衣衫襤褸的吉普賽（或阿爾巴尼亞？）老太太跪在地上乞討。

我走過去，放了一把零錢，道聲午安。她則用鄙夷的眼神看著我。

我，做錯什麼了嗎？

沿著筆直的石板道走下去，盡頭就是潘普洛納鬥牛場。

沒有舉辦活動時，這裡是一般市民遛狗遛小孩的尋常所在，不過下午三點實在是太熱了，本地人都乖乖去睡午覺，只剩下我這個突兀的外地人，到處閒逛。

拖著半殘的腳，我走向安置在鬥牛場門外的雕像，臺階上多到髮指的菸蒂讓人提不起勁按下快門。

我漫不經心讀著基座上的銘文：

「致厄尼斯特·海明威，諾貝爾文學獎得主，城市之友及欽慕者，因為他的發現讓潘普洛納的

位在潘普洛納鬥牛場門外的奔牛節紀念碑雕像是這座以海明威聞名古老小城的重要地標。

名聲遠播。」

就是海明威，讓這座友善的古老小城，變成觀光客前仆後繼的遊樂園。

我鍾愛的兩位小說家

海明威與三島由紀夫，是我年少時特別鍾愛的小說家。他們各自以文學及生命，深刻詮釋人性內在的瘋狂與渴望。

不過，一開始時並不是因為欣賞他們的作品，而是一知半解地聽過他們的傳奇：海明威打過仗、攀登非洲最高的山、在大草原獵殺獅子、抓最大的魚、轟轟烈烈的戀愛、摔飛機、得過炭疽病與諾貝爾文學獎。男人與大自然搏鬥的極致，海明威大都做過。

Hotel La Perla 是海明威三度拜訪潘普洛納曾經入住的飯店。

另一位被稱為「東洋海明威」的三島由紀夫也不遑多讓，除了也是大文豪外，在戲劇界也占有一席之地，集編、導、演於一身，出版個人全裸寫真、搭船出海環遊世界、偶爾參加刺激的賽車。

男人想做的事，海明威與三島都嘗試過，更重要的是，他們為人生提供了某種浪漫，某種追求，某種放手一搏的快感與自由。我讀他們的書，認真地以為，青春就該如此地驕縱蠻橫、放浪形骸。

懷著朝聖的心情，我亦步亦趨地踏著海明威的腳步，走回一九二〇年代的西班牙，也走回我遺忘許久的青春歲月。許多年前，我是個扁平矮小的男孩，小學三年級戴上近視眼鏡後，更顯得天真可欺。不僅成為同學嘲弄取笑的對象，連老師對我的耐性也相當有限，畢竟，連看著鏡中的自己都生厭的小孩，有誰會喜歡呢？

「孤僻、木訥、冷漠、不合群、學習意願低落」是家庭聯絡簿上反覆出現的紅字，「你不要只活在自己的世界，好嗎？」現在回想，爸爸媽媽當時一定也很傷腦筋吧！

「兒子，如果沒有辦法出類拔萃，那就將自己隱藏在人群之中……越不起眼越好。」

父母的叮嚀，除了出自於不捨的疼愛外，同時，也混雜著「没辦法出人頭地的話，就要甘於平凡」的焦慮與不信任。如果刻意讓自己被忽視，在團體中成為可有可無的存在……没有人注意你，自然而然，就不會受到傷害。

前提是，你必須要夠堅強、夠孤獨，才能抵擋外界刀刀見骨的流言蜚語，及令人意馬心猿的奉承阿諛。

因為可笑的自卑自憐，因為怕脆弱的自尊再受到傷害，我刻意地疏遠學校與人群，與世界保持安全的距離，我不需要你們，你們也別來找我，就讓我安安靜靜地畢業、工作、生活。

漸漸地，習慣了獨來獨往的生存形式：一個人吃飯、一個人看電影、一個人旅行……當然，我仍保持最低度的人際互動，太過親密的互動接觸仍讓我不自在。我在生活中築起一道看不見的長城，將禮尚往來的人際關係，視為非我族類的蠻夷戎狄。

海明威教會我寫一隻雞下樓梯

海明威小說的出現，第一次，讓年少的我意識到：人擁有多少渴望，就有多少衝動。隱藏在溫良恭儉讓的面具後的我，實際上，一直壓抑著嫉俗憤世的血氣方剛。

想要的，很多，它們都在可望卻不可即的遠處發光，無能如我，只能用孤僻的真空，包裝失望與不安。

海明威向年少的我，展示了生活的無限可能。

一生追求刺激，極致感官經驗的海明威，高中畢業後，選擇不唸大學，先在報社工作半年，然後不顧老爸反對，興沖沖地跑到歐洲參加第一次世界大戰，想以美軍觀察員的身分貼近殺戮現場。可能是近視的緣故，小厄尼斯特被戰鬥單位以體檢不合格的理由刷了下來，最後以紅十字會救護員的身分趕上一戰的最終階段。

開著醫療卡車迎來送往的無聊生活，想必令海明威十分苦悶。正當他怨嘆自己的男子氣慨無用武之地時，「幸運」女神眷顧了，海明威在大戰結束前三個月，在奧地利的戰壕被迫擊炮擊中左腿，然後再被掃射中的機關槍打傷。儘管自身負傷，他仍把一名義大利傷兵拖回安全地帶，戰場上英勇表現，讓義大利政府授予他銀質勳章。

後來證明這場意外，為海明威人生帶來豐厚利潤，不僅在文字作品中反覆提到，也讓他在人前有了膨風吹噓的真實經歷。更重要的是，他被後送米蘭療養期間，熱烈追求一位姊姊級修女，不過在被拒絕打臉後，海明威痛定失痛，將這段不了了之的戀情，轉化成文學上的報復，寫下了公認他最棒的小說《戰地春夢》（*A Farewell to Arms*）。

一般相信，書中的凱薩琳，就是作家苦戀未果的修女姊姊，與被發好人卡的現實不同的是，海明威對女主角可說是予取予求：浪漫約會、死心塌地的迷戀、粗暴性愛、懷孕，最後難產而死……不甘心不放手，過不去的小心眼，作家用小說挾怨洩憤，扭曲力不從心的堅硬現實，這種文學模式，接下來也在其他作品反覆出現。

當然，身為一位諾貝爾文學獎得主，海明威必定有他了不起的本事：簡潔、清晰、明亮的書寫方式，帶有晴空朗朗的直爽舒坦。「把單純的事練到盡，就是絕招」，不管你喜不喜歡，單就這項優點就足以讓海明威名留青史。

就是海明威教會我，怎麼描寫一隻雞下樓梯。

海明威與潘普洛納

我坐在 Café Iruña，對著雕工太過繁複的圍欄發呆。當年，海明威也是坐在相同的位置，開始構思《太陽依舊昇起》（*The Sun Also Rises*）。

那是一九二五年的夏天，海明威與第一任妻子海德莉，三度拜訪潘普洛納，參加著名的聖費爾明節（San Fermín），也就是大家所熟悉的奔牛節。同行的友人，是一群行為不檢的英美僑民。以團體旅行的內容來說：很精采——毫無節制的狂飲、頭痛欲裂的宿醉、理直氣壯的出軌、惡意的偷情背叛……應有盡有，現實人生比小說更加荒誕不經。

海明威樂在其中，並將這群朋友的放浪形骸通通記錄下來，披上崇高的文學偽裝。於是，這些會教壞小朋友的惡形惡狀得到昇華，同時也撼搖了世界。

就此，《太陽依舊昇起》定義出海明威的寫作風格與「失落的一代」（Lost Generation）。

後來，作家又發表了《戰地鐘聲》（*For Whom the Bell Tolls*）、《渡河入林》（*Across the River and into the Trees*）與《老人與海》（*The Old Man and the Sea*）等長篇小

說。在百年一遇的大時代中，在蠻荒的自然與戰爭的廢墟上，他以文字建立小說家的不朽名聲。疏遠遼闊、大言不慚、大眾媚俗、青春無敵、熱血激昂，海明威小說給了我大千世界的視野與想像。「舞榭歌臺，風流總被，雨打風吹去。斜陽草樹，尋常巷陌，人道寄奴曾住。想當年，金戈鐵馬，氣吞萬里如虎。」如果辛棄疾有機會認識海明威，大概也會視為知己吧！

但人生是這樣的，有些事因為太近，因為年輕，容易對喜愛的人事物，陷入不假思索的盲從，不明事理的崇拜；也因為太近，因為年輕，所以看不到缺點與局限。不過當你我越過歲月的里程碑，生命閱歷也更加成熟圓融時，這些事就很難再糊弄或誘惑我們的目光。

海明威小說，就是如此。終其一生，海明威竭盡所能地反抗不斷向前的世界，反抗逐漸衰老的自己，逃避人生種種不可承受的輕，與應盡的責任，只為了保留心中碩果僅存的浪漫與自由。但他始終停留在後青春期的文學心智，小說中虛張聲勢的狂暴、為賦新詞強說愁的感傷，以及美式老派硬漢的衝鋒陷陣，是很難再打動久經紅塵磨損的你我。

卡爾維諾說得沒錯：當生命世故之後，喜愛海明威這件事，就很難成為終生不渝的志向。我喝著冷掉的咖啡，對著雕工太過繁複的圍欄，感傷地回憶，那些與海明威曾經結伴同行的青春。

廣場另一頭，瓦片在陽光下閃閃發亮。

朦朧中，我看見，吉力馬札羅山的雪。

那是我在坦尚尼亞仰望皚皚白頭的吉力馬札羅山，當然，也是把我帶到五千八百九十五公尺峰頂的海明威短篇小說。

「吉力馬札羅山是一座海拔一萬九千七百一十英尺，長年積雪的高山，據說它是非洲最高的一座山。馬賽人稱西高峰為『鄂阿奇—鄂阿伊』，意思是『上帝的聖殿』。而在西高峰的附近，有一具已經風乾凍僵的豹子屍體。豹子到這樣高寒的地方來尋找什麼？沒有人作過解釋。」

百年咖啡館 Café Iruña 也是海明威曾造訪過的景點，內裝金碧輝煌。

欲振乏力的哈利與吉力馬札羅

《吉力馬札羅的雪》（*The Snows of Kilimanjaro*）內容敘述一名江郎才盡的作家哈利，在彌留之際回首自己的一生，最終走入死亡的故事。如果你看過小說，不難發現海明威又把自身經歷投射其中：主角哈利參加過戰爭，看盡戰爭的殘酷，心靈也受到兵燹的摧殘；他的女性關係複雜，在妻子與情人之間來來去去，偶爾還會去酒吧與青樓尋找一夜情……海明威透過哈利，凝視、回顧、審判自己。

故事中的哈利，娶了崇拜他的富孀海倫為妻。夫婦倆到坦尚尼亞打獵旅行，在荒野卡車拋錨，哈利無意中被荊棘刺傷膝蓋，因而得了壞疽，躺在帆布床上等待救援。

病榻中，哈利看見在上空盤旋的禿鷹，預告他正走向死亡；緊接著，他對於自己大限將至這件事情感到十分憤怒。哈利是名作家，在過去的日子裡收集了許多素材，並準備將它們寫成小說，但他從未付諸行動，任由歲月蹉跎。而此時此刻，哈利意識到自己再也沒有機會去完成這些計劃。

他回顧自己毫無建樹的一生，過去的經歷一件接連著一件，以毫無邏輯方式浮現腦海，而每件事都直指死亡。內心澎湃洶湧的小劇場令哈利心煩意亂，他選擇傷害海倫，深愛他的女人。

正因為海倫，讓哈利能夠進入上流社會，與那些他曾經嫌棄的富豪名流往來，並沉溺在放蕩糜爛的生活之中，養尊處優的安逸，使得他不需再提筆寫作也能舒適度日。自然而然，哈利將自己的墮落，歸罪於給予他一切的女人，認為是妻子扼殺了自己的才華。

但實際上，哈利明白，自毀前程的，正是他不敢正視的自己。

人總是慣性地選擇，對自己最舒適的生活型態，並不自覺地深陷其中，這可以說是身而為人的原始動物性。當你我深陷其中時，雖然眼前不思進取的日子多少會讓人感到心虛，但比起大刀闊斧的改變，這樣躺在泥濘裡打滾，多少還是比較愜意。

正因為對眼前的安樂眷戀，讓哈利裹足不前，卻也下意識地對自己的一事無成感到驚慌。他藉由酒精不斷麻痺自己，無能及無奈，讓他變得焦躁、多慮、易怒、專斷。

古希臘哲學家伊比鳩魯曾說過：當一個人越是缺乏情感時，金錢這種東西就越顯重要。哈利也意識到了，這也沒什麼可寫的。畢竟，一個對自己懷抱惡意與失望的男人，還會有什麼作為呢？

死亡分成兩種：一種是肉體上的死亡，這正是哈利所經歷的；另一種是精神上的死亡，這種則在很久以前，就在他身上發生了。

他墜落到安樂的泥沼中，一方面對怠惰的自己深惡痛絕，另一方面又離不開它。但他仍然下定決心改變，於是，哈利前來攀登吉力馬札羅山，想要藉由肉體上的操勞，迫使精神委靡的自己重新活過。這時海明威小說最動人的所在，男子漢自始至終都必須保有向上的積極能量。

這股昂揚奮發的精神動能，反而為自己帶來了肉體上的死亡。

當他一步步地走向終點時，哈利更確定自己的無能：對於事業的無力回天，對於生活的無以為繼，對於死亡的無可奈何。到頭來所有的一切，都失去了鋒銳，對於一個行屍走肉，索然無味活著的人，死亡，或許是最適得其所的結局。

因為，在海明威眼中，死亡從來就不是可憐的悲劇。

故事的最後，哈利還是走了，但在最後一刻，他看見了吉力馬札羅的山頂，在太陽下閃爍著光，像是與世界合而為一。就在那一瞬間，他明白了，這才是他生命最終極的嚮往與歸宿。追求燦爛輝煌的執著，企及功成名就的渴望，到頭來，「引刀成一快，不負少年頭」的張揚輕狂，只剩下「砌下落梅如雪亂，拂了一身還滿」的無奈，原來人生的終極追求，是激昂澎湃後，「聽雨僧廬下」的了然自若。

讀海明威的通體舒暢快感

回想自己，十六歲時暗淡晦澀的青春，渴望被異性關注的患得患失，想要被同儕重視的焦慮苦悶，想什麼都錯，做什麼都不對，我痛恨那個無能為力，弱不禁風的自己。在讀了海明威後，有種通體舒暢的快感，好想趕快告別那個慘不忍睹，窩囊無用的自己，希望自己也可以掙脫家庭與課業的束縛，趾高氣昂地活著。

「我的前方沒有路，但我的身後都是路」的豪情霸氣，驅策著我奔向遠方。很明顯的，我一直踏著海明威（當然，還有三島由紀夫）的足跡，從小心翼翼地亦步亦趨，到頭也不回地披荊斬棘，即使黑夜藏去方向，只要有放歌縱酒的狂妄，「此心安處，便是吾家」。

不過，終有一天，你會看穿失落一代的浮誇、虛假、光鮮亮麗的背後，是聲勢虛張的色厲內荏、是對平凡的莫名恐懼。真正的生活，是跳脫錯亂荒唐的文學誇飾，勇敢走入瑣碎日常，甘於無味平淡的堅定信念。

於是，我放下了海明威，繼續向前走。

召喚記憶中的海明威

原本以為遺忘的年少青春，又在潘普洛納的街頭與他久別重逢。原來，他不曾離去，只是靜靜地躲在生命的角落，等待我的召喚。

回頭再看看海明威，浪漫的憧憬如潮水般退去，取而代之的，是滿布貝殼與珊瑚的沙灘。我開心地在沙灘上，撿拾光陰的碎片，採集人生過往的風和日麗。

與生命搏鬥大半輩子的海明威，最終的挑戰，是面對老病殘弱的自己。一九六一年七月二十一日，小說家朝自己的額頭開了最後一槍。這一槍結束了他的生命，也粉碎了海明威長久樹立的強者神話。

終其一生，海明威以海克力斯的英雄姿態迎戰生命的狂暴與荒涼，對於老病殘弱，他向來是鄙夷且欠缺同情的。如此蠻橫驕縱的生命哲學，當然無法面對自己的老病殘弱，海明威的人生結局，似乎是他無可規避的宿命。

或許是坐太久了，冷掉的咖啡變得更酸更苦。

在回憶海明威的同時，其他的朝聖者一拐一拐地從我面前走過，四目相接的同時，我們都笑了。那是種「我知道你從哪裡來，要前往何方」的默契。

吉普賽老太太從左手邊走過來，她似乎忘記了我們不久前才在教堂前見過。再一次，以濃厚的口音咕噥著，我把身上唯一的銅板給了她，老太太則給我一個感激的笑。

慧而有情，時常保持一顆柔軟的心。這是多年以後，海明威回來告訴我的事。不管今天多麼黑暗，請繼續保持信念。

因為明天，太陽依舊昇起。

潘普洛納主教教堂是一座十五世紀哥德式風格的天主教教堂

CH. 04

疼痛的宮殿

苦痛的存在意義

「身體繼承載著悲傷。」

—— 美國小說家羅麗·摩爾（Lorrie Moore）

「腳拖地是步態，是下層階級的特色。」

—— 德國人類學家沙夫豪森（Hermann Schaaffhausen）

區間：潘普洛納（Pamplona）→ 埃斯特拉（Estella）
里程：46 Km
移動：步行

女性朋友們大概很難想像，過去的大男孩們，在進行兵役身體檢查的真實情形到底如何？數以百計的十九歲男生，被剝得只剩下底褲一條，在偌大的體育館內魚貫而行。空氣中凝結著某種不安與尷尬，男孩們就在這樣不自在的氣氛下，接受一連串稀鬆平常的例行檢查：身高、體重、視力、詢問是否有精神或生理的異常病史。

在兵役檢查前，很多人都跟我說：「以你的條件狀況，可能不用當兵喲！」

「真的嗎？」

「那還用說！你看看你……」

在KTV打工的同事一臉篤定，彷彿他就是醫檢官，正式宣告國家不需要我一樣。

我懷著期待又羞愧的心情，走入最後的診察室。

期待的是，如果真的不用當兵，就多賺了兩年自由……「兩年吔！」雖然還沒想過多出來的時間要來做什麼，不過想到不用在烈日下出操就很爽；羞愧的是，「免役」如願發生了，身體就好像被打上「不良品」的印記，一輩子都要背負「你是有瑕疵」的十字架。

日後，如果有人問起：「啥！你沒有當兵哦！」我似乎聽見他們內心的OS：「是不是哪裡有毛病！」

我低下頭來，端詳那不斷帶給我恥辱與痛楚的腳底板。

根據西方醫學診療的拉丁術語，稱之為「Pes Planus」，意思是「平緩的腳」，運動員則稱它為「內旋足」（pronate），意思是在行走及跑步時，腳踝內旋的程度會比一般人多。東方醫學則稱為「足部勞損」，不過一般則稱之為「扁平足」。

據說，《長阿含經・大本經》是最早提到它的文獻：「大人足安平。足下平滿，蹈地安隱。」佛教把這種缺陷視為福相，而古希臘醫生蓋倫（Galen），則是第一位把「腳掌平緩」（liopothes）視為疾病的人。

我的腳，從小就為生活帶來某種緊張，扁平足在臺灣被稱為「鴨母蹄」，意思是走路會像鴨子，正因如此，打從有記憶來就不斷地遭受嘲笑、譏諷：「你看他走路像企鵝一樣一擺一擺的，好可愛哦！」

我才不要被別人當作可愛。

我的妻子，總是說我走路姿態很奇怪。有時她會故意走在我後頭，偶爾，我還會聽見她噗嗤的竊笑，那種帶有優越感的揶揄。娃娃天生高足弓，是跳芭蕾舞的腳、仙杜瑞拉的腳、貴族的腳，她的腳步，總是優雅地舞動、飄然地滑行。

回頭再看看自己，扁平足把我貶成人盡可欺的低階種姓。

我懷著忐忑的心，走入最後的小房間，不苟言笑的醫官草草翻過先前的檢查表，再端詳我那可悲的足弓。最後，醫官輕蔑地說：「別以為扁平足就不用當兵！」

我拿著上面蓋著大大的「乙等」體檢報告回家，心中又悲又喜：「兩年兵役看來是逃

不掉了！」

扁平足所帶來的痛苦

我拖著沉重的腳步繼續往下走，一整個星期從早到晚的疾走，所造成的生理損傷逐一浮現，尤其以扁平足帶來的傷害最大：足底筋膜發炎、腳踝的阿基里斯腱僵直，像是被硬拉開來的皮帶扯著後腳脛。膝蓋也因為舊傷而隱隱作痛，更不用提背部與大腿肌肉無以名之的疼痛。

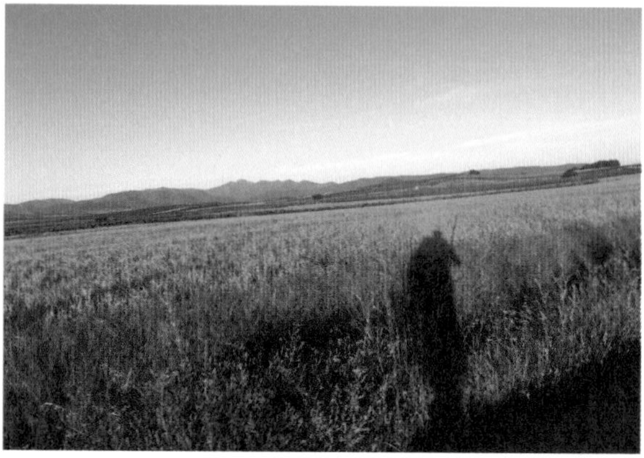

在文明生活中養尊處優的身體，原來回歸原始時是如此不堪，一週上健身房六天的效果去哪了？當年負重三十公斤縱橫百岳的自信哪去了？一個人揹著行囊環遊世界的豪情又去哪了？

此時此刻，什麼走路帶來的「省思、覺察、體悟、沉澱」，早就拋到九霄雲外，當下，只剩下扁平足所帶來的痛苦。每踏一步，腳底都像是踩在針氈上痛楚不已；每踏一步，腰及背部肌肉像是有一道又一道的電流竄過；每踏一步，我又聽見那些訕笑的耳語，毫不遮掩的捉弄。

年少時的羞愧又回來了，只不過這次不是別人，而是自己嘲笑自己。

當晚，我在皇后橋鎮（Puente la Reina），狠狠地將雙腳上九個水泡全部刺破。

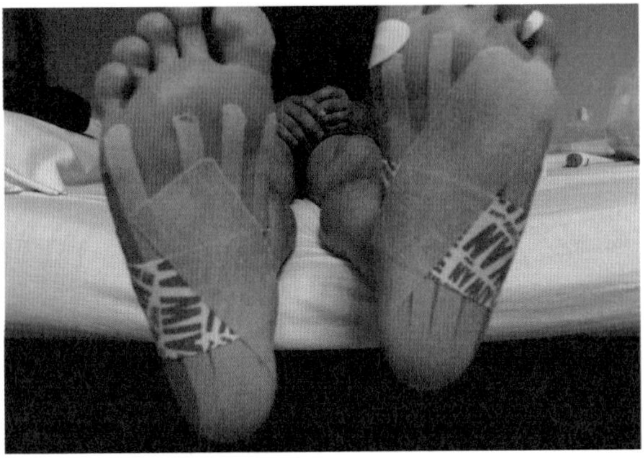

退伍之後，人生進入另一個階段，那種感覺就好像剛還完債贖身，從今以後，人生就是自己的。我迫不及待地離開臺灣，將目光投向看不見的遠方，享受君問歸期未有期的漂泊。我踏過丹巴吉林的旱，興都庫什的寒，走過從新疆到伊斯坦堡的大絲路，走過喀什米爾到瓦拉納西的繁華與悲涼。

我在約旦 Wadi Rum 的山谷沙漠中咬牙行走，只為了追隨愛德華・勞倫斯的腳步，想親眼目睹當年阿拉伯大起義時，各宗族所起誓的「智慧七柱」。我在南美洲的雨林中披荊斬棘，只為了捕捉切・格瓦拉的身影，想瞭解什麼樣的壯志與悲憫，可以讓一位可能坐擁名利的年輕人投向革命的懷抱。在咆哮的北風中，我用雙腳踏遍希臘的伯羅奔尼撒半島：科林斯、奧林匹亞、斯巴達、阿爾戈斯，神話與歷史的現場是否依舊神奇呢？

十多年的歷練，我已不再是當年那個怯生生、蒼白孱瘦的扁平足小子。

我是有經驗的旅行者。

那這些疼痛，又是從何而來？

行走中削去不必要的思慮

隔天出發，在刺破水泡後，足部壓迫疼痛雖然舒緩許多，但足底筋膜發炎的惡態，仍在崩潰邊緣徘徊，我擔心還沒走滿一週就鎩羽而歸，這個念頭讓人不寒而慄。我揣著惶恐不安，放慢速度，一步一步地向前走。

千百年來，數以千萬計的旅人從不同的地方出發，踏上朝聖與贖罪之路。日耳曼的打鐵匠、勃根第的修道士、溫布利亞的農夫、倫巴底的士兵、斯堪地那維亞的毛皮商人……他們是歷史巨流裡的涓涓點滴，穿越庇里牛斯山，最後在皇后橋鎮匯流，朝日落的方向繼續前進，橫越惡水旱地，最後抵達朝思暮想的應許之城。

清晨五點，霧靄盤桓在安靜的河面。

踏著前行者的步伐，我正走在著名的皇后橋上。這座千年前由納瓦拉王國桑喬三世（Sancho III Garcés），與妻子莫妮亞多娜皇后（Muniadona of Castile）出資修建的中世紀古橋，是聖雅各之路上具有代表性的地標之一，走過皇后橋，標示著朝聖之旅進入另一階段。

古橋上，歷經歲月洗練的石板道，在晨暉中漾出光亮，這是在悠遠的過去中，數以千萬計的朝聖者以雙腳集體創作的痕跡。我與過往不曾謀面的朝聖者們並肩佇立、徘徊在石橋之上，不同的理由讓我們匯聚此地，相同的信念與激情驅策我們走向遠方。透過

走過千年地標「皇后橋」，朝聖之旅也進入下一個階段。

雙腳打磨、刮除石頭上肉眼無法覺察的顆粒，最終，曖曖含光的石頭，成為朝聖路上最浪漫的註記。

中世紀的內斂，撫慰了我不堪的疲憊。

在行走中回憶，有點像是拿美工刀削鉛筆，將思慮中不必要的部分削去，讓感性變得更加敏銳鋒利，但也剝去了保護，疼痛的感受也更加深刻。

法蘭西作家普魯斯特，對於身體的苦痛有獨特的見解：

「若不是病痛，我們還真難察覺，學習到一些事情……況且，分析事物的能力也會隨著疾病而增強。每天晚上，躺下來彷彿死去，馬上就呼呼大睡的人，當然也不知道作夢的滋味，對於睡眠這件事也不會有什麼特別的理解……失眠，有助於我們欣賞睡眠，像是在黑暗中投射一道光。」

並不是只有在苦痛之中，人才開始思考。身體的孱弱苦痛，本身並沒有什麼了不起的哲學意涵。疼痛只是神經傳導的訊號，唯有「疼痛」才讓你我清楚地意識到器官或組織的「存在」。

普魯斯特認為，人唯有在苦痛之中（無論是生理或心理層面），我們才會心生疑問，然後深刻思考，因為我們想追溯苦痛的源頭，瞭解它的本質。

或許，痛苦之所以存在，是為了凸顯我們的脆弱。面對痛苦的同時，也面對著自我的羞愧、無能。

話說回來，蚌之所以長出珍珠，是因為沙粒掉進蚌殼內，而不是一群蚌透過 LINE 群組聊天結果才有的。如何接受生命中無可避免的磨難，學習與疼痛相處，是每個走在聖雅各之路上的旅人必修學分。

負重背痛＝道德淪喪？

「再多的思考，也敵不過腳底板的雞眼。」

當下，我深切體會法國作家蒙田刻薄的人生智慧。不止是我，幾乎在路上所有的朝聖者都有「腳」的問題，愈被認為是理所當然的事，被現實打臉的痛楚就愈強烈。移動的同時，我仔細檢視所有內在與外在，造成我身體（及心理）痛楚的原因。

「你應該挺起腰，打直背，抬頭挺胸地走就不會痛了。」一名來自慕尼黑的老爹以過來人的憐憫口吻告訴我，「一開始的時候，我走路的姿勢也和你一樣，後來調整後，身體就輕鬆了。」

真的嗎？挺直腰背就海闊天空？我內心自顧自地，上映從人猿演化到直立智人的小劇場，想像背脊由彎拉直的過程。文藝復興時期的禮儀大師卡斯提格里昂尼（Baldassarre Castiglione），曾在當年人手一本的《廷臣之書》（*Il Cortegiano*）

中提到：

「性格、社會背景、文化水準、行走坐臥的姿勢，是個人本質的反射。有周到、負責的步態……有輕率、漫不經心的步態……有勤奮、誠懇的步態……有無所事事，別有居心的步態……族繁不及備載。」

根據卡斯提格里昂尼的說法，如果一個人佝僂、垂肩、駝胸，並不是脊椎出了問題，而是心態有問題。

「上帝創造人，是以直立的姿態出現……而非四肢著地。」作者緊接著說：「身而為人，就必須時時警惕，保持萬物之靈的威儀。忤逆造物者的旨意，必招來邪惡的後果。」最後還不忘記來記回馬槍，「懶散駝背，是道德淪喪的結果。」

原本以為只是長途跋涉的負重背痛，到頭來是道德淪喪的下場。

這下嚴重了。

蛻化成真正的朝聖者

當晚在庇護所，我重新檢查、並調整背包，其實這是出發前就該做好的整備。毫不意外地發現，用了二十年的Lafuma，有許多構件褪色、鬆脫、毀損、腐蝕、風化、斷裂。仔細評估後，我用行李箱專用的魔鬼氈綁帶重新繫緊、固定，即將離析分崩的背負系統。與背包之間的綑綁，拉扯，也是我與過去角力、扭打的歷程。

有許多事，以為經歷過後，我們很容易就將面對挑戰與產生的結果視為理所當然，「不就是這樣嗎？」如此掉以輕心的粗枝大葉，勢必為自己帶來許多不必要的麻煩。我試著鬆開糾結的背包綁繩，這何嘗不是在鬆動凝固石化的自己；當我修補裝備上的裂縫，其實也在修補內心那些久經歲月而風化破損的缺口。

當原本零落的裝備重新整理過後，我感覺到某種豁達天真在其中蘊藉，找回一天可以跑五十公里，無可救藥的樂觀後，接下來的六百五十公里，似乎也沒那麼漫長。

重新調整過的裝備重心與步態姿勢，讓身體疲倦疼痛的狀況也明顯改善不少，但每天七小時以上的行走，仍會將自我的精神與身體推向忍耐極限。不過，總在瀕臨崩潰的臨界之前，曾經陌生、甚至相互拉扯的身體與精神，也許意識到，彼此是路上唯一的伴侶，終究，沒有對方的扶助是無法走完全程。在經歷某種爭執與和解後，我可以明顯地感受自己逐漸蛻化成真正的朝聖者。

天生的缺陷依舊，疼痛當然也依舊，不同的是，我決定與疼痛握手言和，結伴同行。刺破的水泡結為厚繭，創過的傷口癒成硬痂，那些曾經讓你我畏縮的痛不欲生，挺過後，成為我們旅途中最溫柔的緩衝，最堅強的支撐。

「你從哪裡來？」

「臺灣，位於西太平洋的小島。遙遠的東方。」

「哦，那真的不太多人來這兒呢！」

向教堂管理員說明了家鄉與來意之後，他就讓我自由參觀。位於半山腰的聖佩德羅教堂（Iglesia de San Pedro de la Rúa），是埃斯特拉（Estella）地勢最高的宗教建築，古樸素雅的仿羅馬式風格與嶙峋的巨岩合而為一，彷彿開天闢地以來，教堂就沉默地佇立在歷史巨流外，紋風不動。

許多年前，我在某一本關於納瓦拉的攝影專書上，看過聖佩德羅教堂與修道院迴廊的古老相片，幽靜的廊柱羅列、蒼鬱的絲柏、古小亞細亞式的鳥獸浮雕，參悟出了然的神秘。我看著相片出神，因為其中有某種突如其來的變化，讓靜止的時間重新流動，這小小變化讓人興味盎然，我決定走進來，一探究竟。

埃斯特拉是聖雅各之路前段的重要城鎮，位於潘普洛納西邊五十公里左右，坐巴士只有四十分鐘的光景，我卻花了兩天的蹣跚才抵達。中世紀時，大教堂曾經是已消失的星形城廓一部分，一二五六年，旭烈兀攻滅位於波斯西部的木剌夷國，當阿薩辛派的刺客教團與蒙古將士在惡地鏖戰之際，五千五百公里外的聖佩德羅教堂峻工，虔敬的信徒們誓言以埃斯特拉為中心，決意向穆斯林索回上帝的領土。正因為這獨特的軍事背景，從遠處觀看聖佩德羅教堂，與其說它是宗教聖所，它更像是吹著進攻號角的戰鬥碉堡。

我在綿延重複的廊柱間徘徊流連，任性地找尋記憶中老照片的場景。我只花了七秒鐘就解決心中多年的疑惑，這是石匠精心刻意的安排，讓三根小圓柱扭纏一塊。在一片穩固而單調的廊列中，這三根圓柱組合足以破壞暮氣沉沉的無限迴圈，建築可以如此完美又自相矛盾，它的僻靜可以被打擾，和諧可以被破壞，連完美都可以打折扣。我想，古代石匠刻意擾亂一成不變的迴廊空間設計，或許是想問問上帝：如果祢是完美的、至善的，為什麼容許「惡」在地上橫行呢？就像這交纏的柱子一樣，難道祢也是刻意的嗎？如果是刻意留下「惡」與「苦難」，為什麼呢？

如此看似荒謬不敬，蓄意搞怪的廊柱設計，隱藏了西班牙人怪誕不拘，生冷不忌的文化性格。七百年後，一樣大搞創意的達利看到聖佩德羅教堂扭曲的柱子後說：

「這就是西班牙啊！」

沒錯，這就是西班牙，一個神聖與褻瀆，虔敬與嘲弄並存的國度，在千年以前，就已經預示可能的未來。

區間：埃斯特拉（Estella）→格拉農（Grañón）
里程：108.5 Km
移動：步行

CH.
05

唐吉訶德與史帝文生

生命中的小毛驢還在不在

「莫聽穿林打葉聲，何妨吟嘯且徐行。
竹杖芒鞋輕勝馬，誰怕！一蓑煙雨任平生。
料峭春風吹酒醒，微冷，山頭斜照卻相迎。
回首向來蕭瑟處，歸去，也無風雨也無晴。」
——蘇軾《定風波》

「我沒有看見驢子！」

「什麼？」

「到目前為止，在路上，我都沒有看到驢子。」

「哦！」

若干年前，由聖雅各騎士團（Orden de Santiago）、星野聖雅各主教座堂宣布，以下列三種方式，完成聖雅各之路，在終點經過驗證才能取得證書，分別是步行、騎自行車或騎驢子。

但是，為什麼是驢子，而不是騎馬呢？

史帝文生與母驢瑪迪斯汀

一八七八年秋天，二十七歲的羅伯特・路易斯・史帝文生（Robert Louis Stevenson）來到法國中南部的勒莫納斯提（Le Monastier），當時他剛完成風格迥異的遊記《內河航行》（*An Inland Voyage*），有別於當時「大旅行式」的書寫，史帝文生記錄著他與朋友，一路從比利時安特衛普（Antwerpen）划著獨木舟到巴黎附近的蓬圖瓦茲（Pontoise）的經歷，這是本具有濃厚精神探索與對話的旅行文學，就十九世紀的時空背景來看，無異是橫空出世的特別之作。因為《內河航行》，史帝文生成為新世代的旅行文學教主，這本書後來在一九六〇年代意外地掀起嬉皮熱，就這個角度看來，這位來自愛丁堡的蒼白青年，內心其實是非常龐克搖滾的。

史帝文生花了許多時間閱讀、旅行、思考、書寫，典型的浪漫主義時期的知識分子，

在他靈魂中，除了維多利亞時期式的矜持自持外，更多被隱藏起來的，是大破大立的現代主義精神，只不過當時並沒有這種時髦說法。

住在勒莫納斯提期間，史帝文生一面蒐集當地的野史傳奇，此外也積極尋找題材，在這座「冬季時，郊區野狼會追擊著公共馬車」的偏遠山城，不知為什麼突發奇想，作家花了六十五法郎和一杯白蘭地的代價，買一匹名為瑪迪斯汀（Modestine）的母驢，決心帶著牠，與自製巨型睡袋、一把左輪連發手槍、白蘭地及一大捲菸草上路，走入法國最原始荒涼的高地。

後來證明，原意「溫和，不自負」的母驢瑪迪斯汀名不符實，牠為史帝文生帶來無窮盡的麻煩：牠拒絕當馱獸，動不動就把鞍袋甩下來，也不要爬山，經常停下腳步，或躲到樹蔭，或有珠簾的商店門口乘涼。最後逼得史帝文生無情地鞭笞牠，村民對這位異國奴隸主欺負法國驢子很不以然，多次勸阻，甚至有些小衝突：

「牠好可憐哦！一定是主人沒讓牠好好吃及睡覺！」

「少管閒事！」史帝文生憤憤不平地寫著，「不然你們誰要幫我揹籃子？」

當然，史帝文生殘忍地對待瑪迪斯汀，常常令「這討厭的畜生」精疲力盡、但他也對自己的所作所為十分反感、失望，不時在日誌中反省對瑪迪斯汀的粗暴，「我討厭鞭打聲……看著牠的臉，總讓我想起某個認識的人。」

手執皮鞭，看著驢子的長臉，想起另外一個人，應該沒有多少朋友會感到開心吧！

不幸中的大幸，這可怕的情況並沒有持續太久。史帝文生因為路上偶遇「肆意徘徊的驢先生」後才赫然發現，瑪迪斯汀正處於躁動不安的發情期，這點讓作家很自責，同時想到「牠也正為情所

困」而感到悲哀。

從那以後，作家對驢子的描寫便鉅幅緊縮，相對地，史帝文生本人則有許多美妙又不可思議的經歷：古老修道院的宗教體驗、在荒山夜雨中的反側苦思、在晨曦暮靄裡窺見自然的美與雄奇，孤獨行走中的平靜體悟……驢子瑪迪斯汀則成為「可憐又可恨的伙伴」。

驢子也可以當忠實的小跟班

作家筆下的驢子，與其說是坐騎，牠們更像是愛鬧彆扭的旅伴，隨時需要我們 Take care 牠們的情緒，有起床氣、耍小性子，把訓斥當作耳邊風，喊東牠偏向西，不過基本上，主人與驢子間的相處還算是融洽。馬，則完全不同，牠們是惺惺相惜的戰友，跋山涉水，風雨同行。可以獨占「春風得意馬蹄輕，一日看盡長安花」的瀟灑俊逸，也可以沉潛在「寺前新筍已成竿，策馬重來獨自看」的跌宕磊落，騎師與馬，一個的肢體眼神，都能意領神會，莫逆於心。

馬和驢子都有靈性，也都有個性，只不過前者是同志，另一個則是愛咕噥抱怨的小家子氣。

當然，兩者也有本質上的差異，在沙場上縱橫馳騁，是需要速度衝撞的。從遠古到中世紀，唯有馬才能撐起這番事業與想像。無論是辛棄疾的「金戈鐵馬，氣吞萬里如虎」，或是「馬蹄踏碎天山月」的曹動，「馬」象徵著壯志雄心，馬是上昇飛揚。即使蹉跎了歲月，「老驥伏櫪，志在千里；烈士暮年，壯心不已」仍讓人心生悲涼。

驢子則是蹇足、慵懶，極適合徘徊流連。即使打起精神，奮起直追，也只是三分鐘的火氣。騎驢不會有華麗的派頭，也不需要花俏的技術，張果老醉中倒騎的酩酊也好，陸游「騎驢兩腳欲到地」的狼狽也罷，騎驢需要豁達，騎驢更需要自我解嘲，更多的放下，更多的自我觀照。市井小民騎驢，小家碧玉也可以駕馭，多一些容忍，多一點耐性，驢子也可以當忠實的小跟班。

也正因為驢子有這麼多「人性化」的面向，所以牠們在文學的出現，成了折射人性軟弱、傲嬌、怯懦的三稜鏡，消去自我感覺良好的偏光儀，更是查探身而為人劣根性的照妖鏡。

帶著驢子上路，無論是郊遊還是朝聖，肯定都是挑戰，瀝血嘔心的折磨。

生命中的得失、計算、利害

史帝文生在旅程進入尾聲，才意識到這項事實，根據私人日誌的紀錄，當他越過聖皮耶山口（Col de St. Pierre）抵達聖尚加爾時，瑪迪斯汀的狀況愈來愈差，倒不是因為受了什麼傷，更像是狠狠失戀後的虛脫無力。獸醫告訴史帝文生，瑪迪斯汀沒辦法繼續往前，他才明白這趟旅程突然到了盡頭。他以三十五法郎將驢子賣了，並開心地準備回家，不過「當馬車伕要我坐好，車子轆轆地穿過遍植橄欖樹的岩谷時，突然驚覺到自己的離別傷感……終於，我失去了瑪迪斯汀」。史帝文生以悲痛的筆觸繼續呻吟：「在此之前，我一直以為自己很討厭牠，但瑪迪斯汀現在走了，才真正意識到牠對我真的很重要！」

最後，史帝文生稱他的小毛驢是「忠實的僕役，我的桑丘・潘薩」。

有句形容「得過且過，隨時見縫插針的投機與散漫」的成語，「騎驢找馬」正說明了史帝文生，與我們沒說出口的心事。我們總是描繪更成功的自己、更富有的自己、更自由的自己。驢子是散漫、是任性、是與成功失約的絆腳石，也是我們唯一擁有的現實。「要是我騎的是馬就好了！」如果換成快一點的工具，真的就「馬到成功」了嗎？總是怨嘆自己生不逢時，懷才不遇，明珠暗投，社會不公的我們，如果外國環境真的比較平等的話，把自己放在那裡，起點相同，我們就一定能成功?了無遺憾嗎？

有一類的人總是活得很辛苦；不願意受人擺布，卻也沒有勇氣追隨自己的意願而活，害怕失去手邊擁有，卻總是奢望著什麼。妥協，正是痛苦的來源，是對日漸喪失自我存在與價值感的不滿。

在為柴米油鹽汲汲營營中，我們認為自己需要向生活妥協，為了工作、家庭、感情、婚姻、公婆……我們忍氣吞聲、我們默默承擔，放棄想做的工作，放棄想做的夢，害怕讓別人失望，讓他們傷心。

但最後，我們一定會聽到：「我沒要求你這樣做！」「我以為你心甘情願！」「你本來就可以去做自己喜歡的事！」「是你自己決定這樣做的！」

傷心失望的，不會是別人，一定是我們自己。

大部分人的生活，都是在「權衡」得失，「計算」利害。週刊、雜誌最喜歡圈圈叉叉的優勝劣敗表，來量化我們所看見的世界。的確，這是極為簡便的方式，讓你我在第一時間就留下深刻印象，但形式上的化簡，也削去更多的複雜及可能。我們怎麼定義世界，世界就如何定義你我，就在我們喜孜孜地數落著高低勝敗時，世界則以更殘酷的眼光打量我們的卑微。

許多年後，史帝文生回憶起這頭法國南部的小毛驢，省思到自己在個性上的怯懦，把旅途上的重擔丟給瑪迪斯汀，然後再責怪瑪迪斯汀辜負他的期望。

生命中的小毛驢正是你我迴避不了的命題與功課。

每個人心中都有一隻瑪迪斯汀

如果用李安導演的話置換史帝文生的故事，就可以改寫成：「每個人心中都有一隻瑪迪斯汀。」生命中的小毛驢正是你我迴避不了的命題與功課，面對責任與義務，要記得英國哲學家羅素所說：「義務感對工作層面有益，對人際關係則有害。」

義務與責任是世界的一體兩面，如果大家都不重視義務感，我們的世界就會變成一個無責任的沉淪社會，義務感是你我在社會中生存下去的條件，但如果只有責任感，那麼世間的一切將只剩下對價關係。

在人生的路上，我們學會用部分的自由去換取應該珍惜的關係互動，例如婚姻、家庭，然後期許在綑綁中學習，成為更好的自己。

聖雅各騎士團與聖雅各主教座堂，大概也認定騎著驢子上路，也是種修練。騎馬朝聖，不，太貴氣了，騎驢才是王道。聖雅各之路眾生並不平等，它特別屬於庶民階級。

而一路上，我努力地找尋驢子的踪影，期盼這趟旅程能多份扭捏的樂趣，只可惜直到終點，我都沒有機會一睹中世紀朝聖者的姿態，或許，在二十一世紀的今天，騎驢涉險，是比步行更為最不合時宜的妄想衝動。

（PS. 幾年前，朝聖規章又變了，騎馬成為選項之一，以後在聖雅各之路上看見驢子只會更難吧！）

唐吉訶德與風車巨人

我賣力地向上攀登，不遠的前方，佇立著巨大無匹的風車陣列，白雲掠過山丘，共同映襯出西班牙北方大地的蒼莽。就地質上，

這裡算是梅塞塔高原（Meseta Centra）的外緣，如果從空中鳥瞰，你會得到一塊由土黃、沙棕與酒紅蒙太奇拼貼的荒涼大地，地平線在遠方閃耀，朝聖者之道是曠野中唯一的線條。眼前所有的一切，像海底的水草般輕輕搖晃，究竟是欺人太甚的暑氣，或是逼近意志極限後的恍惚所造成的呢？我無力思考，也無從想像。

朝聖之路從塵囂延展進入寂寥，旅行者在汗水淋漓的一步一腳印中，找回人與世界接觸的真實感受。但由遠而近的風車，賦予這段旅程夢幻、超現實的特質。而賦予西班牙地景超現實的，正是塞萬提斯（Miguel de Cervantes），他是第一位以哀矜書寫超現

實，以荒謬映照現世的小說家，《唐吉訶德》所創造出來的角色是如此真實，真實到我們沒有辦法想像失去他們的世界，會是如何？

我看著遠方的村落，腦海中出現小說的開場白：「拉曼查有個村子，村名就不必提了……人們說他姓吉哈達，也有人說他叫圭薩達，關於這點，各種記載略有不同。」最後小說家自顧自地說道，

「最後他決定自己名為唐吉訶德。」

五百年過去了，《唐吉訶德》巧妙地融合嚴肅和滑稽、真實與虛幻，兼具悲劇性和喜劇性，生活中的瑣屑庸俗與偉大美麗，在塞萬提斯的筆下都呈現出高貴與荒謬的質感。

自從十多歲第一次讀完《唐吉訶德》後，就被愁容騎士的身影深深吸引。他的每一次冒險，每一場經歷，在真實世界中是如此荒唐可笑，將粗鄙大媽看成窈窕淑女，把破落客棧當作華麗城堡，挑戰羊群、釋放囚犯，最後被人用籠子關起來抓回家。

當然，最著名的橋段，絕對是與風車巨人對決的故事。

「看那邊，我的朋友，三十多個可怕的巨人就在那兒，我要向他們挑戰，把他們統統幹掉……」

「什麼巨人啊？我沒看見。」桑丘問道。

「在那裡，」他的主人回答說：「就是你看到那些胳臂長長的傢伙，有的手臂還長達六哩呢……」

「先生，請您看仔細點，」桑丘說道：「那些傢伙是風車，不是巨人。那些像胳臂的東西是風車翼，風讓它們旋轉，帶動石磨轉動。」

「看來對冒險這件事，你並不在行。告訴你，他們是貨真價實的巨人，要是你害怕，就站到一旁禱告去吧！我要同他們展開殊死的決鬥。」

唐吉訶德最後，被風車打得體無完膚，長矛折斷了，自己也受了重傷。

當我們讀到這段時，笑了，然後流下淚來。

在路上學會矜持、風骨、不委屈

我漫步在塵土飛揚的山徑上，塞萬提斯的小說意象在腦海中揮之不去。現代風車不是磨坊，而是設計精密的發電機組，看著在山巔一字排開，擺出威嚇陣形的風車群，很難不把它們想像成充滿敵意的生物，每一次抬頭，我都可以看見前方高度警戒的姿態，漸漸地，我不是走在形而下的物質世界，而是進入塞萬提斯的想像次元。高速公路、電子晶圓廠、購物中心、汽車旅館，山脊稜線以下是世俗的西班牙，而稜線以上，預示厄運的天空、不友善的風車巨人、荒原中踽踽而行的朝聖者，這裡是不合情理，超脫時間之外的精神世界。如果騎著驢子，我會低著頭，安步當車地拾級而上；但是，如果騎著馬，應該就會奮不顧身地向前奔去，挑戰惡毒無情的堅硬現實。

以理想面對現實的橫征暴斂，用浪漫挑戰人心的窮凶極惡，唐吉訶德是我們心中柔軟易感，尚未哈腰妥協的部分。正因如此，我們對愁容騎士的憐憫，其實是對自我的哀矜。

回想起這些年，面對職場現實，我們彎腰低頭，蜚語流言的誣蔑誤會，我們學會委屈。後來，我們才意識到，世界對我們友善，是世界想這麼做，你我對別人好，是我們情願心甘，既然是自願，就不該奢望回報，同樣的，世界也沒有義務回應你我的善良。

唯一能做的，是把良善留給真正對我們好的人，不因為外界紛擾而模糊焦點，而是那些看見我們，肯定你我價值的人。

「我們不再取笑他，他的盾是憐憫，他的旗幟是美。他代表溫柔、迷失、純真、無私、英勇的一切。」俄羅斯文學家納博可夫對《唐吉訶德》的看法，正是我們所需要的。在路上，你我不僅要學會不委屈、有矜持、有風骨，騎驢子的時候，就安步當「車」，必要時，化身成自己的愁容騎士，有態度、有力量，或許太傻太天真，不過這世界上實在是有太多聰明人了。

我想做的，是騎著驢子，拎著長矛，勇敢向苦難宣戰的唐吉訶德。

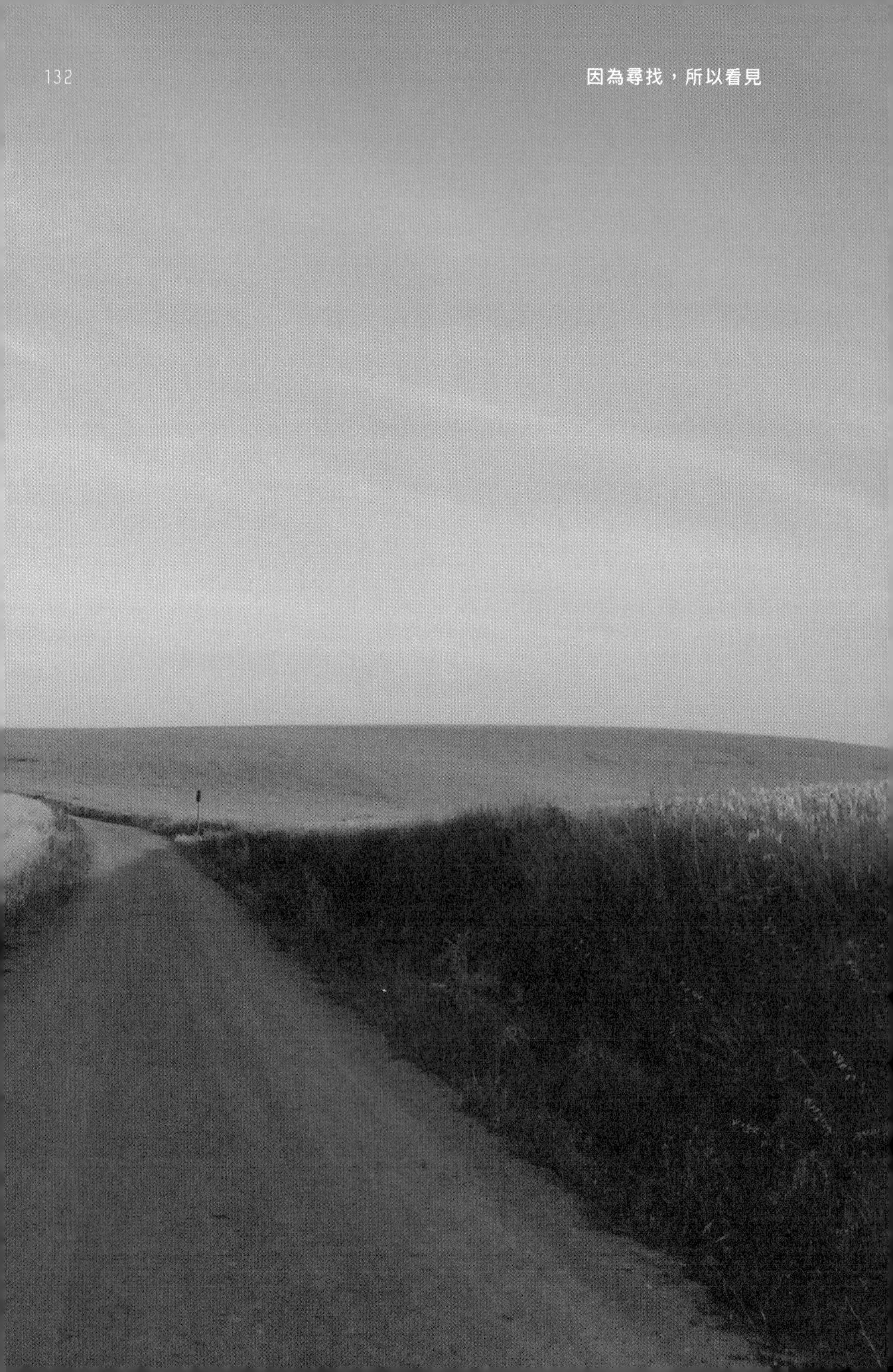

區間：格拉農（Grañón） → 布爾戈斯（Burgos）
里程：68 Km
移動：步行

CH. 06

愛情讓人瘋狂
行過黑色西班牙

「人必須謹慎地選出屬於自己最獨特的不快樂，
因為，這就可能是你生活中唯一的快樂。」
——羅莉·摩爾《吠》

人類先祖的故事，是從非洲大陸東南方，遼闊神秘的塞倫蓋提平原開始。一望無際的廣袤，所有的生命在這裡都顯得微不足道。

一九七六年，就在平原邊緣不遠的奧杜威峽谷（Olduvai Gorge）裡，一處稱之為雷托里（Laetoli）的小地方，傳奇人類學家瑪麗・李奇（Mary Leakey）在此，有令人難忘的發現：三組二十五公尺長的人類足跡，被完美地保留在火山灰與泥岩的夾層之中。令全世界都驚訝的是，這三組腳印，不是千百年前的烙痕，而是來自於更為久遠的三百五十萬年前，比被稱為「露西」的阿法南方古猿還早上四十萬年，「雷托里足跡」（Laetoli footprints）是我們所知道，人類年代最古老的散步紀錄。

任何一位三歲的小朋友，無論他來自臺北、巴黎或新幾內亞，都會告訴你這是兩個大人帶著一名小孩，結伴穿越荒原的腳印。我曾站在這裡，看見大裂谷休眠的火山，想像當年，他們走過燠熱柔軟的泥濘時，大地的裂口正噴發出碎屑與濃煙，或許三百五十萬年前的他們，對於地裂天崩的火山景象早就司空見慣，從足跡看來，沒有驚慌，沒有倉皇。根據瑪麗・李奇的說法：

「其中一位，甚至停下了腳步，或許還帶著些許的好奇與迷惘，回頭張望，正要遠離的家鄉。」

打從遠古時代，人類就開始行走，張望，尋找已知或不可解的未來。我們不知道在非洲大陸雷托里留下腳印的三人組，最後去了哪裡？他們有平安抵達目的地嗎？還是在路上發生了變故而停留在某處？人類學家們尚未發現，跟他們生存時代相關的考古證據，也無從得知當時人們的感受與情緒。

刻鏤在灰泥中的足跡，讓身而為人的我們再次確認，行走，不僅是探索世界的基本形式，更是我們感受生命，丈量世界的唯一憑據。

在氣溫逼近攝氏四十三度的西班牙平原上行走，我想像遠古人的遷徙，除了不斷地向前外，我能做什麼呢？

來自低地國的詩人塞斯・諾特博姆（Cees Nooteboom）說：做西班牙人的事，嘆息。然後在日落之前，躲在公園綠蔭下或教堂長廊內，乞討一息尚存的涼意。

在這個烈日讓人喘不過氣的午後，我聽從詩人的意見，躲進聖多明各主教座堂的陰影之中。

朝聖之路上流傳最廣的故事

聖多明各・德・拉・卡爾薩達（Santo Domingo de la Calzada）主教座堂的中心部分，和大多數西班牙境內的主教座堂一樣，詩班席包廂占據了大殿精華區段。再怎麼明亮的建築設計，在正中央置入詩班席後，瞬間就被調降了亮度。不過在聖多明各主教座堂，則有另一項奇特的設計。

數百年前的某天，來自日耳曼地方的家族一行三人，下榻在此地的旅店用餐。旅店女主人看上了年輕兒子，並向他示愛，想當然耳，男子嚴詞拒絕。求愛不成的女子，於是在午夜時分，偷偷將旅店貴重的銀器放在兒子的背包內，並在隔天早上向官府告發。

無辜的年輕男子就這樣進了黑牢，兒子告訴父母親不用擔心，請他們繼續上路，說不定等他們回頭時，法庭就能還他清白，沒想到兩個月後，完成聖雅各之路返抵聖多明各・德・拉・卡爾薩達的老夫婦，在此迎接他們的，是絞刑架上兒子冰冷的身體。痛不欲生的夫妻倆跑到官邸，聲淚俱下地向市長控訴司法不公。正在吃飯的市長放下刀叉，慢條斯理地說：「人死不能復生，如果你兒子真的沒罪，那我盤子內的烤雞就會叫了！」

奇蹟，就在這瞬間發生，盤內的兩隻雞突然長滿羽毛，活了過來，並飛上屋頂啼叫，而在絞刑架上的兒子也復活了。不知道是被雞還是被兒子驚嚇的市民們，決定將這份見證留給全世界。今天，在聖多明各主教座堂的詩班席旁，還留有地球上最美的雞籠，當地人相信籠內兩隻雞，與當年是同一對。

低地國詩人說：「這是真的。」我敢打包票，他們說得沒錯。

「聖多明各的雞」是朝聖之路上流傳最廣的故事，抵達此地的朝聖客，都會前來主教座堂見證「奇雞」，有些人甚至會想方設法，偷拔幾根雞毛做為護身符，在金雞籠就有「禁止拔雞毛」的警告標語。

我和許多朝聖客一樣，徘徊在金雞籠旁，看看有沒有機會撿到一兩根。融合文藝復興圓頂花窗與哥德式尖塔，金碧輝煌的雞籠，像迷你版的巴黎聖母院。等了許久，除了公雞高昂放肆，突如其來的啼叫外，似乎不太容易見到奇雞現身。

我懷著某種說不上來的落寞離開主教座堂……是因為沒撿到雞毛嗎？

踏進與自我對話的黑色西班牙

在前往聖雅各的路上，天使似乎隨處可見，惡魔彷彿也在黑暗中伺機而動。奇蹟、怪誕、靈異之事隨手可得，Camino（朝聖之路）是扭曲現實的重力場，基督教世界的傳說故事，在這裡都有特別版本，例如門徒大雅各，不僅是旅行的守護者，在西班牙更化身為中世紀戰神，單槍匹馬挑戰來自南方的穆斯林軍隊，「摩爾人殺手」（Santiago Matamoros）威名不脛而走；耶穌與門徒最後晚餐的聖杯，也在聖雅各之路的若干城市出現過。死而復生的拉撒路式神蹟，驅魔除穢的鄉野奇譚，每個孤寂莫名的僻遠角落，都可能閉鎖著令人生畏的往事。

西班牙人習以為常的死亡與怪誕，往往教我們這些外邦人啞然失聲。

當我走到Redecilla del Camino的告示板前，才意識到自己已經離開納瓦拉，正式踏進被稱為「黑色西班牙」的「卡斯提亞－萊昂」（Castilla y León）地區。

這裡不僅是西班牙幅員最廣，同時也是歐盟境內最大的自治區。「卡斯提亞」源於西班牙語的「城堡」（Castillo）。雖然大家都稱卡斯提亞為「黑色西班牙」，實際上，它由修士道袍的土棕、異教徒身首異處的鮮血與母親的眼淚調合而成。西班牙的黑，是人性的愛恨痴狂，也是人世的無明無常。

從卡斯提亞的名稱，到遠方耀武揚威的要塞碉堡，都一再提醒著我們，西班牙是從一場又一場的戰役中焠煉出來的。遠從九世紀開始，北方的基督徒為抵禦信奉伊斯蘭的摩爾人，在這一帶興建了許多城牆堡壘。戰爭，是西班牙人的天職，作家珍・莫里斯說：「不對外作戰時，西班牙人會禍起蕭牆，自相殘殺。」你不一定要贊成這句話，但它的確在某個程度上反映出現實，回顧西班牙歷史，的確相當嗜血：向穆斯林的征伐、對猶太人的迫害、在殖民地的趕盡殺絕、恐怖偏狹的宗教法庭、狂妄無情的內戰殺戮，相較於過往，二十世紀後半至今，可說是西班牙有史以來，最久安長治的承平時期，但誰可以保證，和平能維繫多久呢？

法蘭西之路，也在卡斯提亞與其他古老的路徑交錯、重疊。阡陌縱橫，沿途長滿苜蓿與葛蘭的趕牲道、由片麻岩與硬砂岩混合鋪就的羅馬軍團古道，穿越戰場與墓地，偏布蕁麻及石南的熙德（El Cid）之路，再加上從不同方向匯流至此的朝聖道，引導人們穿越關隘，繞過險地，走向生命，或是連結死亡。

走在這樣的路上，你所想的，不會是自己，而更廣大的歷史，及更深遠的時間。在滿目瘡痍的過往中，我們找尋理得心安的吉光片羽。透過不斷的自我對話，面對身而為人必須面對的磨難與告別，這才是自我修補，自我療癒的開始。

胡安娜一世的政治八卦和韻事

前方不遠的San Juan de Ortega，相傳卡斯提亞女王‧胡安娜一世（Juana I de Castilla，1479-1555）曾經在這裡停留。出生於古老皇都托雷多的胡安娜，是天主教雙王（Reyes Católicos）斐迪南二世和伊莎貝拉一世的次女。她的小妹是亞拉岡的凱薩琳（Catherine of Aragon），英格蘭國王亨利八世的第一位王后，後來亨利八世就是因為和她的離婚官司，憤而率領國家脫離天主教。

胡安娜十七歲時，嫁給了神聖羅馬帝國皇帝馬克西米連一世的兒子：「美男子腓力」（Felipe I el Hermoso），這樁政治聯姻，奠定西班牙皇室與哈布斯堡家族統治歐洲的基礎，同時，也埋下瘋狂的種子。

胡安娜對腓力可說是天雷地火，一見鍾情，開始時兩人的生活還算甜蜜。不過，輕浮傲慢的腓力很快就對胡安娜異於常人的迷戀生厭，另結新歡。兩人的衝突差異正式浮出檯面，面對不忠的先生，胡安娜動不動就使用一哭二鬧三上吊的方式，讓女王與國王的床笫之私，成為朝廷眾臣的政治考驗。

往返低地國與伊比利半島的書信，全都被胡安娜的哀聲哭號占滿了。

胡安娜的個性纖細、柔弱、敏感，讓目光遠大、果斷、剛毅、勇敢的母親伊莎貝拉一世大失所望，「她就像一棵長滿爛果的樹」，私底下，女王不僅一次在朝臣前透露她的焦慮。終其一生，伊莎貝拉為統一西班牙而奮戰，為卡斯提亞王國的強大費盡心思，想到女兒竟是如此無知、不明事理、不知羞恥，視國家大事如無物，自顧自地沉溺在情愛之中，女王不禁悲從中來，暗中流淚悲傷。

女兒則怨恨母親鐵石心腸、殘酷不仁，不通人情。母女之間的隔閡與日俱增，衝突逐漸白熱化，不止一次，伊莎貝拉與胡安娜在公開場合，痛責彼此的無情與失望。

女王的擔憂是有理由的，畢竟在過去短短幾年中，卡斯提亞家族的男丁先後逝世、夭折，命運安排胡安娜執掌未來的西班牙帝國，「船艦將在無能的船長領導，航向暴風雨的黑夜」，一五〇四年十一月下旬，病重的伊莎貝拉道出她最深沉的無奈。

幾天後，這位滿心憂慮的母親與世長辭。

就這樣，胡安娜與夫婿腓力共同繼承法統，而她的父親斐迪南二世，則被宮廷排擠，在國葬之後，默默地回到亞拉岡。胡安娜滿心歡喜認為，往後的人生應該稱心如意，一帆風順。

愛讓人勇敢，卻也讓人偏執、瘋狂

某天，一名吉普賽老太太幫腓力看過手相後說：「你死後走過的路，會比活著的時候還多。」

這句奇怪的預言，後來一語成讖。

一五〇六年，北方的天空掛著不祥的劍匕（彗星），黑死病捲土重來，數十萬人死於絕望與痛苦之中，連年的歉收來到高峰，蝗災與沙塵在大地肆虐，人們在惶惶中度日，更大的不幸，正要降臨卡斯提亞。

莫名的高燒、噁心、演變成令人膽戰心驚的嘔血，二十八歲的腓力，青春正茂，大概沒想過，死神這麼快就找上了他。九月二十五日，才上任五個月的攝政王，在眾人的驚恐中溘然離世。

陷入極大恐懼、哀傷、悔恨、偏執的胡安娜，說什麼也不相信，上週還意氣風發的夫婿，竟然就死了。腓力的死成為壓垮胡安娜的最後一根麥稈，她的世界徹底崩潰了。離不開、捨不得、放不下夫君的胡安娜，將國政交給朝臣，而把自己幽閉在寢宮中，夜夜與冰冷的腓力同眠共枕。根據卡斯提亞王室的規定，所有皇室成員在過世後，全都必需要遷葬至南部安達魯西亞，在格瑞納達安葬。拗不過眾臣的請求，心碎的胡安娜，決定親自帶著腓力的棺柩前往南方。

六神無主的胡安娜，並沒有帶領隊伍，直接前進格瑞納達，而是漫無目的，在西班牙的荒野遊走。每經過一座教堂，胡安娜就舉行安魂彌撒；每經過一座墓地，她就為亡故的夫婿獻祭。在隊伍行進間，胡安娜偶爾會命令士兵打開棺蓋，只為了再看一眼她心愛的腓力。

西班牙畫家弗朗西斯科．普拉蒂納（Francisco Pradilla）的〈瘋女胡安娜〉（Juana la Loca）畫作。

愛讓人勇敢，卻也讓人偏執、瘋狂。一般西班牙人並不會以「卡斯提亞的胡安娜一世」（Juana I de Castilla）來稱呼她，而是用「瘋女胡安娜」（la Loca）記憶這位為愛情心碎、終至癲狂的女子。

我走進Monasterio de San Juan de Ortega的小禮拜堂，面對空無一物的祭壇，五百年前，胡安娜曾經在此為腓力舉行追悼儀式。「願生生世世，再不生帝王家！」道出了末代皇帝的悲哀，這何嘗不是胡安娜的心事呢？如果她只是個生於民間的平凡女孩，有沒有可能她的人生會不一樣呢？

歲月漸深，年少胸中的激動澎湃，全都化成憶當年的從前，所有的一往情深，最後，也風乾成欲語還休的心照不宣。人生如此，愛情也是如此，站在祭壇前，我懺悔辜負過的深情，回憶那些輕忽大意的曾經。

我陷入回憶，久久不能自已。

恍惚之間，我彷彿看見一位身著黑衣的女子，向我走來。

CH. 07

時間的靈魂

布爾戈斯大教堂的華麗與救贖

「時間能治癒一切，請給時間一點時間。」

—— 丁立梅《彷彿多年前》

大地，負載著人類無窮無盡的欲望。城堡、莊園、修院、工廠、貧戶、豪宅、道路、機場，人們以需索劃分區塊，界定疆域，然後再針對共同的事實進行不同的詮釋：資本主義對抗生態保護、都市更新對抗古蹟存續、歷史真相對抗政治正確，所有的抗衡，都讓過往與現代呈現差異，進行辯論，在這一方宣揚征服與勝利，而另一邊必定為迫害與失敗。

唯有大地，億萬年來，沉默、無私，堅定地承擔人世的離合悲歡。

在Camino的日常，我和其他朝聖者並沒什麼不同：走路、吃飯、洗澡、睡覺，攀登鐘樓，拜訪大教堂。朝聖者們聚在一起，會分享旅程的點點滴滴，感歎藝術的美好，推心置腹地敞開彼此靈魂的傷痕……或只是聚在一起，毀謗某個不在場的藝術家。（通常是達利居多！）

但大家都一致認定，布爾戈斯大教堂是目前為止，見過最美麗的大教堂；它是無言大地上瑰麗的宗教見證，時光雄偉的紀念碑。

一場綿延數百年的夢境。

收容世界各地無依的靈魂

前幾次拜訪布爾戈斯的記憶猶新：大教堂是鑲金嵌銀的巨大洞窟，高得不可思議的天井，讓我的視線焦點無所適從，深邃幽遠的中廊，則令人讚歎不已。室內空間比塞維亞主教座堂明亮，卻又比托雷多大教堂來得黯淡，所有的祭壇、聖像與繪畫，像是加了柔焦又調降色溫，消弭關於名號、頭銜、日期、富貴權勢種種銳利的鋒芒，在主的榮光之前，人人平等。

今天，站在同樣的四大福音書使徒腳下，則是我第一次，以朝聖者的身分進入大教堂。

「無人存在的空間，就喪失空間的意義；無法傳遞的建築，僅是一座空殼。」

近千年來，布爾戈斯主教座堂收容了來自世界各地無依的靈魂，迷惘的朝聖者，它具有某種秘而不宣的深刻，在喧嘩塵囂中以無言的方式傳遞信念。

從城外，就可以望見大教堂那兩座高聳的尖塔，像是蓄勢待發的火箭，帶著人間的祈願，指向救贖及永恆。入口立面的浮雕，講述著人們耳熟能詳的故事：貞女懷胎、人子出生、河畔受洗、背負莫須有的指控、血肉之軀遭受苦難、死亡、復活、審判。璀璨

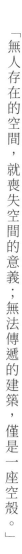

中含帶著堅忍，精巧卻也浮誇，石雕既是嚴謹貴氣的手工藝，也是媚俗討好的集合體。但是，無論你從哪個角度觀看，布爾戈斯主教座堂永遠令人震撼，從中世紀到後現代，不管是誰走進一看，一定會打從心裡佩服：

「真是不得了啊！果然只有天主教會才做得到呢！」

如果，上帝看到如此豪奢的建築，開心嗎？

雖然這麼刻薄的評論，但我是由衷地欣賞這座華美絕倫的大教堂。眾人竊竊私語的低鳴，衣服沙啞的摩挲，在空氣中輕輕迴盪。以黃金、寶石、玳瑁及聖髑裝飾的祭壇在黑暗中發光，荷蘭詩人塞斯・諾特博姆形容「在無盡的不毛中，長出了金碧輝煌，一種不能食用的收成」。滿室耀眼琳琅的寶氣珠光，全都來自遙遠的西印度、南美與東洋，西班牙人使用連耶穌也掩面嘆息的方式，掠奪、攢積天文數字的財富，然後企圖以財富換取上帝的垂憐。詩人最後的結論是：「這正是西班牙的禍根所在，為了黃金，他們疏於照顧祖先賴以維生的土地。最後還想用黃金誘惑上帝。」

多少年過去了，當年的罪咎今天看來，依然亮麗光鮮，站在布爾戈斯主教座堂絕美的穹頂之下，應該很少人會想到這件事吧？

跳脫罪與罰的歷史業障後，你一定會發現，布爾戈斯主教座堂是座絕無僅有的建築瑰寶，溫柔婉約與桀驁不馴完美地融合在一起，凝煉成歷歷如繪的時間之書，教堂透過宏大結構與空間巧思，沉默地向我們展現時間堆砌、展延、壓縮、雕塑世界的無窮能量。

成就一切的功德，正是「時間」。

在這裡，我重新思索「時間」。

對我來說，完全沒有活動的日子，是最能夠感受「完整自我」的時候：沒有會議討論、沒有錄影通告、沒有講座出席、沒有聚餐

約會……什麼都沒有，也不需要什麼。唯一可以做自己，或什麼都不做的留白，是麟角鳳毛的須臾，稍縱即逝的幸福。

正因為我對時間有某種強迫症式的耽溺，也產生了某種副作用：和朋友約定的時間見面，在六個小時前就開始擔心遲到；十一點四十五分的班機，就一定要提前三個小時「抵達」報到櫃檯；下個月的演講，後年才計劃出版的書，現在就會開始花時間構思大綱。

如果可以，真希望每次赴約，我都是最早到的那個人。厭惡急急忙忙的自己，當感受到時間緊迫時，我會手足失措，焦慮得像過動的狐獴。唯有寬裕的時間，我覺得自己是值得被信任的，才有安全感。

對時間的急迫與焦慮

其實很容易發現，對「時間」的不安全感，源自一種說不出口的「害怕」：害怕遲到、害怕被討厭、害怕被批評、害怕沒有餘裕應付突發狀況、害怕沒辦法完成交辦事項，害怕讓別人失望，也害怕讓自己失望。曾經有作家形容，這種焦慮就像是充滿惡意的打地鼠遊戲，才用力解決一隻，其他的地鼠又會從不同的洞穴，帶著輕蔑的嘲笑聲探出頭來。

我討厭太多行程的工作日誌，討厭倉皇失措的自己，追根究柢，這種無常無形的焦慮，是缺乏自信的表現。閉上眼睛，彷彿又可以看見小學參加運動會的情景，難得一次，也是唯一一次，父母親都來參加的校慶活動，兩人站在終點線看著孩子奮力奔跑。永遠記得，當我是最後一個衝過終點線的同時，我和母親四眼相接，那憐惜又失望的視線，深深地刺傷了我。

第一次，看見了父母親對我的失望。在小小的心裡，那是「世界」對我的失望。

「如果我多練習一點！多點時間準備！我就可以跑第一名！父母親就不會失望。」

當然，還有另一層更實際，也更強烈的情意叢結，那就是與「死亡」面對面後的焦灼。那是少年時期的陰影，也是成年後的實際體驗。如果，你曾經與「死亡」近距離照會，與恐懼同行，你就能明白我的意思。一種「我可能沒有明天」的虛無。

這種根深柢固的謬誤，是我親手將它埋在靈魂角落，然後刻意忽視，任它破土、發芽、蔓延。最終，它長成名為「焦慮」的藤蔓，緊緊抓住我內心每一寸想像，將所有的「可能」及「盼望」毒化成焦慮。它不僅是我個人咄咄的心理小劇場，它也影響了我的世界。

對時間的急迫與焦慮，後來演變成對時間的潔癖，在職場上尤其明顯。嚴以律己，但也以相同的規格，約束工作伙伴，先當同事，再當朋友，工作完成後，再套私人交情。我以為一絲不苟的工作態度，百分之百的全力以赴，就能取得信任，贏得尊敬，至少，不會讓別人失望。

「水至清無魚，人至察無徒。」後來才明白啊！這樣的自己，好傻、好天真。世界和我，我和世界，沒有理由要一致相同。

藝能界大哥前輩，曾經用半嚴肅、半開玩笑的方式告訴我：

「哲青，你對所有的事都太認真了。」

Ken 也曾對我說：

「做事情太用力，會給別人很大的壓力。」

時間，成就偉大與瑰麗

我走向教堂角落安息的雪白陵墓。仿大理石質感的雪花石膏，將貴族在世時的富貴丰采，細膩地拓摹下來。我以逆時鐘方向緩緩地圍繞，用視線愛撫這穿越數百年的豐潤。躺在這裡的人，他是誰？做過什麼？是唯唯諾諾的溫良？還是棉裡藏針的陰鷙？什麼事最令他感到害怕？又有什麼是他一生所追求的？財富？權勢？名聲？還是造物主的眷顧？看著他們閉目沉睡的模樣，試著捕捉空氣中若有似無的歷史記憶，也試著去錨定我與時間情結的複雜曖昧。

是時間，成就了大教堂的瑰麗，那時間能成就個人的宏偉嗎？

終有一日，我們的生命都將面臨結束。永恆，或許只是引頸仰望的遙遠，我們所擁有的，只有現在，只有今天而已。

如果，一切終將結束，生命也許會變得更加美好。我們總是怪罪現實生活的拖累，為五斗米折腰的卑躬曲膝，我們壓抑自己真實的情感，放棄人生許許多多的可能：來不及告白的愛情、需要勇敢做自己的工作、大家都不看好的創業計劃、海角天涯流浪的夢想。如果下個月是世界末日，或許，你我就不會放任自己苟且怠惰。

那樣的我們，總是做一天和尚撞一天鐘，總覺得這些夢想「那一天」會去做，不過「那一天」不是今天，也好像不是明天，結果，就一天拖過一天。

想到這裡，就覺得生命有終結，其實也不算是一件太壞的事。

看著罪人們在地獄水深火熱的折磨，突然覺得：活著真好！

當死亡逼近時，我們才認真思考生命。正如英倫才子艾倫・狄波頓說：「這意味著，真正的關鍵不在『生命』的長短，不是因為看不到人生的盡頭，才覺得索然無味，而是我們對每一天的生活怨懟不滿。」

我們都討厭日復一日的枯燥，一成不變的生活方式。這種感覺，就像是公司學校每週

營養午餐都差不多的無奈。當我們重新感受時間，感受生命的同時，或許，就發現生活底層有許多被隱藏的可能。當頓悟到這項事實時，我們就不會再錯過音樂會、畫展、學新東西的課程，與好友的相聚，與家人共處的珍貴時光。

重新感受生命、感受時間，我們也找到新的方式來回應生活。

離開大教堂後，我再度思索自己擁有的工作與生活。好久沒有，在異域他方有思鄉的愁緒，我想念我的家人，想念我的妻子，想念垂垂老矣的馬爾濟斯，想念生活中每一秒平凡的細節。

穿越時間的帷幕，試著認真地理解與感受，自己的追求與真實。過去，我記得的初衷，記得的義無反顧，曾幾何時，變成了冥頑剛愎，我錯以為完美是事事掌控，盡如己意，以為勝利就是事事順利。對「成功」的偏狹蒙蔽了雙眼……我快要忘了自己是誰，為什麼向前？為什麼汲汲營營？又為什麼節節敗退？

坐在古城無以名之的角落，面對逐漸黯淡的天光，不知道為什麼，我流下淚來，這些年的無心之過、謬誤、懦弱與虧欠，如晚潮般湧上心頭。

在熙來攘往的歡笑人群前，我懺悔著過往的罪咎，一個人，沉默了好久、好久……

區間：布爾戈斯（Burgos）→ 芙羅米斯塔（Frómista）
里程：63.5 Km
移動：步行

CH. 08

夏至已過中點，無法回頭的旅程與人生

「如果，永劫回歸是最沉重的負擔⋯⋯而最沉重的負擔壓得我們崩塌了、沉沒了，將我們釘在地上⋯⋯也許最沉重的負擔，同時也是生活中最為充實的象徵，一如在每一個時代的愛情詩篇裡，女人總渴望被壓在男人的身軀之下。負擔越沉，我們的生活也就越貼近大地，越趨近真切和實在。」

——米蘭·昆德拉《生命不可承受之輕》

西班牙文將「夏至」拼寫為「Solsticio」，源自於拉丁文solstitium，分別由「太陽」（sol）與「正中央、靜止、停留」（sistere）組合而成。這一天，阿波羅的馬車氣定神閒地運行到至南方的巨蟹宮後，不再前行，時間在抵達中天的一瞬進入永恆，太陽彷彿永遠會停留在天空。

當時間不再向前推移，聖雅各之路頓時化成卡夫卡式的白日夢魘，我困在永無止境懺悔，且又漫無目的地漫遊之中，唯一能做的，就是咬著牙，想也不想地向前走。

夏至，在卡斯提亞的平原。

一路上，持續地與話不投機的自己應對，挖掘在長久歲月中積累，但從來沒有化成語言的東西。一直以來，它們被收在記憶閣樓不知名的角落。現在，我走進閣樓，打開窗戶，讓陽光淹漫陰暗，盡可能以最真實、最原始的心情來面對自己。

我想追求的，我所渴望的，我所不足的，我所需要的，是什麼？經過布爾戈斯的夜晚後，某種朦朧的想法在心裡徘徊、醞釀。

擺脫歷史牽絆，遠離語言複義，沒有干擾，沒有聯想，沒有牽掛，山就是山，水就是水，眼前將地貌山川，回歸最單一純粹的自然，而我也試著，讓自己思緒歸零。

就在這一刻，我突然意識到，聖雅各之路竟然已經過了一半，背後的門已經關上，終點仍在陌生的遙遠之外，因為出發太久，我也回不了頭。人生有些時候，過了某個特定的點，就再也回不去了。在海上，貨輪的老船長告訴我這是「續航臨界點」（point of no return），原意是過了某個航點，燃油就不夠返回出發地。不過，日文翻譯更聳動些：「帰還不能点」，帶著有去無回的悲壯，風蕭水寒的蒼涼。

在朝聖之路上傾聽內在

西元前四九年，凱撒率領軍隊，強渡盧比孔河，根據古羅馬法律，為了防止將領與部隊太過熟悉，最高行政與立法機關「元老院」對龐貝及元老院宣戰時，也說過「Alea iacta est」，意思是「骰子已被擲下」。

無論是二千年前的羅馬內戰，或是一個人的聖雅各之路，我已跨越徬徨猶豫的折返點，不能回頭。

離開芙羅米斯塔（Frómista）後，再一次面對平緩坦蕩的筆直道路。卡斯提亞大地的淺褐與土黃，是頑固的數字低音（Basso Continuo），堅定沉穩地反覆吟唱出，屬於平野上永恆的疏離悲愴。

遠處的風車，偶爾迸射出刺眼的閃光，在旅人的視網膜上烙下點點蒼白。

行走在地景，我感受到自己，正經歷某種轉變。

隨著聖雅各之路的哩程累積，朝聖者在路上「被迫」重新學習，傾聽內在微弱的聲音，重新熟悉自己的身體，體會極限所在。「傾聽自己」後所學得的一切，是全世界最精密的測驗儀器、數據分析都無法透露的秘密：力盡精疲的虛脫、如車裂刀割般的肌肉疼痛、呼吸與氧債的臨界……種種超越日常生活的磨難，都帶來不同程度的痛楚，漫長的行路，化為我們展現意志力的舞臺。

可是，就在某一個時刻，你突然明白，生命的本質，就是由行動、創意與苦難交織融合而成。這再明顯不過的道理，卻要在遠離家園後才有更深刻的察覺。

這樣長時間、長距離的行走，甚至是不含目的行走，優人神鼓藝術總監小蘭姐，還特別為它新創詞彙：「雲腳」，意思是如此行走，像白雲在青空飄移，凡身俱放、無前無後，並且專注當下。本質上，我認為這是種慢節奏、馬拉松式的苦行試煉，它先在自我身心靈的容器裡注滿了感覺與情緒，教我們更誠實、也更深刻地面對自我，然後我們在路上審判、否定自己，最後掏空自我，為未來可能的轉變預留空間。

因為自由結果無所適從

經過十數天的匍匐踉蹌後，名為「Camino」的蒸餾器將我的苦難純化為喜樂，這是個只能意會，難以言喻的過程。一整天，我踏著昂揚風發的腳步快意向前，有時頂著風邁步，有時順著坡蹓躂，整個白晝，都沐浴在某種著魔的暈眩狀態中，向聖雅各城飄浮推進。即使路旁是堆積如山的乾瘦枯黃，在旅人的眼中，盡化成旖旎富麗的金碧豐饒。

這是我走在聖雅各之路上，第一次感受到身體與心靈的緊密契合。當身體「完全」適應旅途的躓跌困頓後，勞筋動骨的艱辛跋涉、迎面撲打的沙礫飛塵、熾烈焦灼的陽光，是折騰，也是享受。

在恍惚疾走中，我腦海中不斷反芻昨晚在庇護所讀到的《查拉圖斯特拉如是說》，這真是一本值得思索的好書啊！尤其在朝聖路上的出現，又賦予它神秘的意義。沿路的庇護所中，存在著各型各式前行者所留下的書籍，保羅・科爾賀的《朝聖》幾乎是無所不在，奧修的書也不在少數，宗教與哲學刊物隨處可見，我甚至還在Castrojeriz的民宿內看到德文版的《心經》、《維摩詰所說經》與《金剛經》。

看著庇護所書架上琳瑯滿目的探問思索，你會明白，在路上迷惘彷徨的，不僅只有自己而已，似乎每位朝聖者都有專屬的人生迷惑，而每個人都迫切地探索解方。遍目可及的尼采，反映出現代人追求精神自由的渴望。

「你喜歡尼采嗎？」比利時大男孩文生，單刀直入就切進重點。

「有讀一些，」我捧著這本半殘的《查拉圖斯特拉如是說》，「他關於『自由』的理解，給了我許多想法。」

成長、定居在布魯塞爾的文生，父母親都是中學教師，在備受關愛的環境下，度過一段幸福安逸的成長歷程。平常喜歡塗塗抹抹的他，大學期間主修商業設計，畢業後加入一間在歐洲規模不小的廣告公司，收入還可以，幾年過去，再仔細檢視人生規劃後，突然對自己的未來感到悲觀。

「因為自由，選擇太多，反而失去了焦點，無所適從。」

文生的煩惱，似乎是全世界年輕朋友共同的煩惱。以往的世界，安全但不自由，只要按部就班地照程序走進度，何時用功唸書，選擇何種職業，何時該結婚成家，何時養兒育女，都有公眾認定的SOP，「傳統」這個詞就是由「傳遞」與「規矩」複義而成。在複製與貼上的過程中，均質化的社會框架，限制了大部分人對生活的想像。

現代的世界，自由但不安全。更多的空間，意味著更多的迷惘，更多的自由，則代表更多的不確定，人工智慧及網際網路更加深了我們對「平庸自我」的恐懼：原來大部分人所學、所能、所用，現代科技都可輕易地取代，「人」的價值，竟是如此的脆弱。

也因此，「過去的一切比較好」的復古論述比比皆是，身處於資訊焦慮的後工業社會，卻巴望著農業文明的緩慢情調，苟且偏安的心態奴役著許多「害怕改變」的人。

阻撓進步的，也許不是「改變」，而是「害怕改變」。

文生的設計公司引進新型的繪圖設計系統與三維列印模組後，就大刀闊斧地改造公司組織，說穿了，就是變相的減薪裁員。又過了幾週不開心的職場生活後，決定離開一下家鄉，文生引用尼采的說法：

「調整精神已經返祖變形的自己。」

尼采的「精神變形」三階段

尼采在《查拉圖斯特拉如是說》的第一章，就試著說明「精神變形」的三大階段。

第一階段是「駱駝」，不會進行任何思考反省，一味盲從體制化的社會習慣，從來不會質問「為什麼要守規矩，更不會反抗，就像是任勞任怨的駱駝一樣。精神變形的第二階段則比擬為「獅子」，如果你無視於獅子的想法，而隨便將牛馬駱駝的套索加在牠的身上，肯定會自己帶來麻煩，獅子本來就不適合訓練來拉車耕田。尼采的獅子象徵著「反抗一切壓迫的精神自由」。但是，最終階段，我們還是得回歸到「人」的層面行動、思考，而且還不是一般的大人，而是象徵誠實與坦率的「孩子」。唯有擺脫傳統，我們才可能真正體會「自由」是什麼？而只有孩子般的「童心」，我們才可能擁有想像與創造能力。

尼采進一步告訴我們，我們之所以成為牛馬駱駝，處處受壓迫，感到不自由，是因為我們「自由」地選擇了「不自由」。要掙脫這種近乎詭辯的矛盾，唯一法門，就是「真誠地面對真實」。

尼采理想中的「人」，是先徹底地肯定自己的「生」，充分活在當下，卻不掉入教條的泥沼虛無。這種超越脫俗的理想人類形象，尼采稱之為「超人」（Übermensch）。不過哲學家所謂的「超人」，與漫畫角色「Superman」完全無關。尼采的「超人」，是以自己的力量不斷地創造倫理與價值，而對於人生所發生的一切，都能堅毅果敢地接受所有試煉與結果。

「不知不覺中，我已經體制化，變成一隻駱駝。」

文生不屑地啐了一下，「我討厭那樣的自己，所以……我來了。在路上，想好好地思考自己是誰，又可以為大家做些什麼？如果沒有想通，我怕一輩子掉進自甘墮落，或自我無限重複的地獄之中。」

「那你想成為什麼樣的人呢？」

「這個答案……我也想知道，」文生低下頭來，「這就是我在Camino的原因。」

尼采再三強調：我們的認知，決定了我們的行為。如果你真心相信自己，一定能達到夢想，你就真的能夠踏上坦途，而你也會發現，世界也會更需要你；相對的，放棄自己，也就放棄了未來和幸福……最後，尼采還不忘記來記回馬槍：

「至少我沒聽過放棄自己的某人，最後擁有什麼不得了的幸福。」

我們選擇過怎樣的生活？

話說回來，我們究竟要怎麼生活呢？或者，我們該怎麼選擇呢？像聖雅各之路這樣的漫長旅程，我也無法否認，這的確是探索自我極限、重新認識「偉大」與「平凡」的生命意義。其實，在路上所領悟的一切，幾乎沒什麼概念是你我不熟悉的，或異於常理的，絕大部分都是普通，關於人性的共識。

「世界上最了不起的事，就是明白，自己是個什麼樣的人。」這句言簡意賅、擲地有聲的話語，來自另一位我所喜愛的文藝復興時期作家蒙田，「當你越過人生中點時，就更應該明白，生命無法回頭……唯一可以的，是了解我們所做的選擇，及所有可能發生的後果。」

面對殘酷人生，你我都有自己的選擇，並且以各自的堅強，挑戰各自的現實。無論是蒙田、叔本華、尼采或者是我，都相信「真正的生活，就是全心全意做我們喜愛的事」，唯有如此，我們才能「在薄情的世界，繼續深情地活著」。

在由酒紅逐漸靛藍的天空下，我們坐在曬衣場角落，繼續聊著關於「永刧回歸」（eternal return）、「命運之愛」（amor fait）、比利時啤酒與生命中無能為力的種種。

我想起《全宋詞》裡的一段文字：

「四海無人識，閒愁萬種，醉鄉一夜頭白。」

我們坐在晚風中，靜靜地聽著時鐘的滴答，讓心走上伶仃的單行道，從這一頭到那一頭，即使頻頻回首，我們知道，再也回不了一頭。

人生旅途的追求，並不在於一程山水一程風月的恣意灑脫，最感動的，是在白雲蒼狗，物換星移之後，仍保有初衷的美好。

在不能回頭的單行道上，唯一能做的，是曉風殘月，明朝酒醒後，打起精神，繼續往前走。

CH. 09

我還是很想她 交換彼此的生命故事

「難關還在繼續，悲傷讓人安靜，我期許一個更清明的自己。」

—— 郭強生《我將前往的遠方》

區間：芙羅米斯塔（Frómista）→ 聖殿騎士團的泰拉地約斯（Terradillos de los Templarios）

里程：44.8 Km

移動：步行

「我還是很想她。」

「我記得每個細節……打扮樸素端莊的媽媽，帶著我們四姊妹上教堂參加禮拜，身上衣服散發出曬過陽光，乾淨舒服的氣味……老爹下廚做拿手的雞肉燉飯，我們在明亮的院子野餐……客廳的黑膠唱機，正在播放佩佩・馬切納（Pepe Marchena）性感的歌聲，每個人窩在自己的小角落，享受這片刻的寧靜……全家到海邊，老爹教我游泳……空氣中蜂蜜的香氣……總是流口水的狗狗……那麼多的歡笑，那麼多的愛。當時的生活很幸福，每天都像過節。」

伊莎貝的眼淚

來自瓦倫西亞的伊莎貝，頂著一頭蓬鬆凌亂的褐色長髮，塊頭有點分量。我第一次是在潘普洛納的庇護所見到她，笑的時候音量很大，後來是在庇護所洗衣時才聊天的朋友。

「上中學那年暑假，老爹到馬德里辦事，我記得全家人在巴士站送行，老爹對我說，妳想要的那套紅色泳裝，等我回來後我們一起去買。我滿心歡喜地笑著，因為下禮拜到海邊時，我喜歡的那個男生，就可以看到我的新比基尼……你介意我抽菸嗎？」

我給她一個微笑，她點了菸，望著窗外教堂屋頂的鸛鳥巢。

「兩天後的傍晚，差不多就是現在這個時候，我從市區回家，才在門外，就聽見屋子裡的哭聲……老爹在馬德里過馬路時，被闖紅燈的車勾到跌倒……撞到頭……還來不及送到醫院，老爹就走了……」

我看見伊莎貝眼角的淚光，卻不知道該說什麼。

「喪禮當天，我坐在前排，哭得很傷心，不過不是因為老爹，而是為了那件紅色的比基尼，我知道這個時候沒有人會在意我要穿什麼去海邊，我知道那個男生不會留意到我……」

「喪禮過後，家裡變了……媽媽變得好憂鬱，好憂鬱，雖然沒有在我們面前哭過，但我知道，她每天晚上都躲在房間裡，默默地流淚……姊姊搬到外面和男朋友住，不回來……妹妹們也不愛回家，整天往外跑……大家都不敢面對老爹過世的事實，因為那實在是太痛了……」

我可以想像，一個被低氣壓占領的屋子，每個人都不想回家，只想往外跑，躲得越遠越好。

「過沒多久，媽媽就開始變胖，一開始我們認為是好事，畢竟意外發生後，媽媽就不太吃東西……人一直消瘦，不誇張，瘦到風吹時都站不穩……沒想到，才一年多，就胖到快一百六十公斤……隨時都在喘，下不了床，自然也出不了門……一開始，大家都嚇壞了，還在想為什麼會這樣？這一定是生病了……」

伊莎貝拿出手機，給我看媽媽的相片。哀傷而空洞的雙眼，我看見一位失去摯愛的女人。

「看了好多醫生，吃了好多藥，最後，我們都放棄，媽媽，我，姊妹們，都接受這個事實……或許是內分泌失調，也許是潛伏的遺傳疾病，總之，媽媽這輩子可能就是這樣了……」

我仍忘不了那哀傷空洞的眼神，像是絕望的深淵，掉進去就出不來了。

「其實，我們姊妹都沒說口，老爹會出意外，是媽媽害的，她總覺得帶四個小孩，很累很苦，最主要還是經濟負擔太重……即使是在佛朗哥將軍時代，日子還是很辛苦，老爹也是為了多賺點錢，所以才到馬德里看看有沒有機會。」

伊莎貝姊妹們把父親的去世，都怪罪給母親。媽媽生病了，大家都認為這是懲罰，是天意。她們甚至還在人前背後取笑媽媽失控臃腫的身材。

「照顧媽媽很辛苦，我都忘了那些年怎麼熬過來……後來，我們都長大了，各自結婚，生了小孩……現在小孩都上大學了……可能的話，過幾年就要當祖母了。不過，我們對外都不提媽媽的事，因為我們覺得很丟臉！」

她問我：有小孩嗎？我回答她：順其自然吧！

伊莎貝又拿出手機，我看她兩個兒子、女朋友們、可愛的馬爾濟斯、還有新裝的窗簾相片。「媽媽總是說屋子裡太暗了，待久了會生病，要我幫她把舊掛簾換掉……可是我從來沒放在心上，就一直忘了這件事。」

「直到去年，記得是剛過完聖母昇天節，媽媽確診癌症，第四期。醫生說剩下幾個月，好好把握最後的時光……」

接下來，我靜靜地啜著紅酒，她拿出手機，聊到姊妹們回家後的種種，再加上一堆修圖過了頭的相片。

「終於，那一天來了，瓦倫西亞很少下這麼大的雨，那天早上起來，我就知道是今天。」

「我開車到媽媽家，我意外地發現姊妹們都到了。我們坐在媽媽床邊，陪她說話，媽媽則是溫柔地看著我們……突然那一瞬間，我看見老爹過世前的媽媽，那個婀娜綽約、總是帶著微笑的媽媽。」

「伊莎貝，到我衣櫃把一個粉紅色盒子拿出來……媽媽突然叫住我。」

「當我捧著盒子時，我的胸口撲通撲通地跳著。」我睜大眼睛，伊莎貝緩緩地說：「是那套紅色比基尼……是那套紅色比基尼。老爹在出發去馬德里前就先買好的禮物，因為他怕被別人買走……」

伊莎貝再點了一支菸，這樣對身體很不好吧！雖然很想這樣講，但我也不想掃興。

「我哭好久，這是老爹過世後，第一次為他流的淚……哭我的不懂事、哭我的自私、哭我的低EQ，還有我的看不清……其實，爸爸媽媽一直都很愛我們。我哭，媽媽也要離開了，五十幾歲，我要變成孤兒了。」

陪著伊莎貝流淚，我無法想像那刺骨椎心的痛。

「很久以前，我們全家人看過一部片子，內容是聖雅各之路。老爹告訴媽媽，或許哪天，一起去走一段。媽媽在彌留時，又聊到這件事。」

菸就要燒到濾嘴，她仍叨著，呆呆地出神。

朝聖之路上那些陌生人的生命故事是最珍貴的點點滴滴。

「所以，我在這裡。」伊莎貝在燒手之前將菸熄掉，「父母親沒機會做的事，我來幫他們完成。當然，聖雅各之路也是贖罪之路，我不想抱著後悔過完往後的人生。」

與生命中的種種缺憾和解

我們又小聊了一會兒，大教堂的鐘聲提醒城市，現在是晚上十點。

伊莎貝離開後，我坐在廣場的石階上，感受吹過原野與臉頰的風，反芻她的生命故事。

母親的逝世，讓伊莎貝重新審視不曾誠實面對的人生：父親的缺席、與姊妹間漸行漸遠的酸楚、對母親的誤會與不諒解，最後糾結成生命裡的無解。對無常的懵懂，對死亡的恐懼，變成我們每個人生命中避而不談的必然，望之生怯，不敢逾越的心障。也許，

伊莎貝想透過聖雅各之路，尋回心中遺失的溫柔，或許，伊莎貝對於生命中的種種缺憾早已釋懷，但無論如何，她勇於面對過去，與自己和解，這樣來說，已經足夠了。

這是我最後一次見到伊莎貝。

那些路上的陌生人

路上的陌生人，來來去去，透過不同機緣場合，我們見面、交談，分享生命，這是Camino上最珍貴的點點滴滴。

而我也成為別人生命的補敍及插曲，用自己的經驗交換別人的故事，然後，在彼此的眼中看見不曾注意過的自己。第一次看見賴瑞大叔，是離開布爾戈斯的隔天，陽光依舊強烈得令人生厭。

頭頂光亮，腰桿堅挺，步伐輕快是我對他的第一印象。Mr. Friendly 式的友善眼神與悉心照料的性格鬍子是大叔的招牌。後來走在 Camino 的路上，無論距離多遠，都可以憑這幾個特色在人群中把他辨認出來。

在路上遇見具有堅韌求生意志的賴瑞大叔。

後來在小鎮 Hornillos del Camino，大家住在同一間庇護所，晚餐後，自然而然地，我們聊到出發前的種種。我告訴賴瑞，我從事辛苦但有趣的媒體業，大叔則告訴我，他是菲律賓人，目前住在美國。

「為什麼來到 Camino？」

「這問題問得好，在我回答你之

前，可以告訴我，你是天主教徒嗎？」

我像做錯事被抓到的小學生一樣，不好意思地回答他。

「I still haven't found what I'm looking for.」

「很好，那你做了正確的抉擇來到這裡。你不一定要有宗教寄託，但你一定要有信念，要有信仰，看你的眼神，我知道你是個有信念的人。」賴瑞用極其誠懇的 puppy eyes 看著我，他說的，一定沒錯。

「可是我，曾經迷失過自己。」

賴瑞來自一個虔誠的天主教家庭，生長在馬可仕執政的菲律賓，小時候生活很苦，做過許許多多不可思議的工作，後來因為進入金融圈，跑了很多地方，目前定居於紐約。

在庇護所中朝聖者們分享著彼此為何走上聖雅各之路。

「追逐金錢的快樂，是邊際效益最差，遞減最快的滿足，比性與美食更難滿足……」大叔訕訕地笑道：「雖然不想這麼說，但是我賺的錢，夠我兩輩子不愁吃穿。」

賴瑞在商場上的成功，全憑對政經時事與金融波動的高度敏銳，這樣的人，一般來說，都很聰明吧？

「我一點也不滿足，總想要更多，還要更多……只有財務安全才能保障我的人生，你可以了解嗎？」我完全可以理解大叔的想法，因為我們有類似的生活及心理背景。

「我投入工作的時間很多……實際是太多了，一週七天，一天十八個小時都在賺錢……媽媽總是告訴我：『一個人一生賺多少錢，上帝早就幫你算好了……如果你不放緩腳步，上帝總會讓你停下來的。』話我聽了，卻聽不進去……」

大叔端起杯子，牛飲般地把水喝完。

為什麼走上聖雅各之路？

「三年前，我出了一場極其嚴重的車禍。」他拉開褲管，秀出可怕的傷疤，「右腳大腿開放性骨折、肌肉嚴重撕裂、骨盆腔也有破裂損傷……左腳情況也很糟……右手也有粉碎性骨折，胸椎骨還刺穿了肺葉，伴隨大量內出血……總之，情況危急，在搶救後，總算保住性命……」

大叔出神地看著空無一物的白堊土牆，「八天後，我清醒了，第一個看見的，是我十五歲小女兒破涕為笑的臉……記得不久之前，還被我捧在手心裡……都忘了她已經長這麼大了……醫生告訴我，因為衝撞受力的部位，介於脊椎下段與骨盆之間，傷害到腰骶神經叢，極很有可能下半輩子，只能用輪椅代步了……」

「那一瞬間，世界光明消失了，前一刻還在雲端，下一秒我就在泥濘中打滾……」

低潮一陣子過後，賴瑞意識到這不是他想要的人生。就這樣，大叔開始漫長又艱辛的復健之路，關於這個部分，他倒是雲淡風輕，「三年，苦不堪言的三年，經過七次大小不一的手術過後，終於，我又可以走路了。」

大家不約而同地，都用力地鼓掌，為大叔不屈的求生意志感動不已。

「以前認為理所當然的走路，失而復得後才發現，生命的存在，就是奇蹟……卓越，是一種祝福；平凡，更是恩典……當我再度起身行走，第一個念頭，就是聖雅各之路，我想走路，不停地走路……當然，即使是現在，走路仍然是件辛苦的事……」

大叔拿出手機，讓我們看他出發前的X光照片：左大腿、右小腿、髖關節……再加上一些喊不出名稱的部位，都有植入鋼板或鋼釘，觸目驚心。

「這些在身體裡的金屬、陶片，讓我真切地感受疼痛……我享受這樣的痛楚，因為我知道自己還活著……我想透過平凡的行走，體會腳踏實地的幸福，同時，也表達了我對神的感謝。」

西班牙作家奧特嘉曾經這樣寫道：「從未真正察覺自己迷失的人，早已迷失到無可救藥的地步。他無法找到自己，自然無法遇見生命的真實。」

我也迷失了嗎？我確切了解自己的困頓所為何來嗎？為什麼我會走在這條路上呢？聖雅各之路是一條專斷、跋扈的漫長征旅，不管你懷抱著何種心事、目的，最終，在路上，你會忘了所為何來？我已經不記得，當初走上聖雅各之路的原因是什麼了？

掙脫他或她的生命困境

隔天，我和大叔同行，繼續行走，穿越San Bol、Hontanas。一路聊著工作、由內而外的疼痛、承諾、川普的美國和周而復始的水泡，最後抵達Castrojeriz，十八世紀的迷你城鎮，是布爾戈斯到萊昂之間非常受歡迎的中繼站，大部分朝聖客都在此地休息、過夜。我在Castrojeriz和幾位路上時常見面打招呼的美國朝聖客話別。

聖雅各之路就是如此，不斷地與其他的生命交會，然後道別，我們聆聽，然後設身處地想像：如果是我，能夠掙脫出他的（或她的）生命困境嗎？

人們各自懷抱心事，走上聖雅各之路：甫遭喪偶之痛的法國先生、為確診絕症的母親祈福而走的丹麥女孩、迷失人生奮鬥目標的南非青年、想要勇敢做自己的哥倫比亞預備軍官……還有在生活與工作中心力交瘁的我，許多人相信這條道路具有不可思議的療癒力量，可以讓人觀照內心、審度自我，洗滌人生的遺憾悔恨。

實際上，當我走在朝聖之路上時，很快就意識到，它就是一條極其普通的長路，就某些層面來看，它和一般道路沒有太多區別。數不清的上下坡、一個又一個極其相似的冷清小鎮、在風中飛舞的垃圾、擾人的蒼蠅，觀光客心心念念的美景，還原後只是平凡無奇的生活場景。

這是現實世界的真實寫照，這才是人生。而映照生命真實的漫長旅程，走在路上，我們剝去文明的盛裝、武裝與偽裝，赫然發現，原來自己所有的，是如此的多，卻又意外的少。

過去幾年，許多令人心生豔羡或肅然起敬的抬頭、稱謂、光環加諸在我的生活，在沉浸於冠冕加持的同時，我時時刻刻都在警惕自己，不要迷失在微不足道的功成名就之中，也不要執著於富貴榮華的紙醉金迷裡。在朝聖之路上，我腦海中有幾天，二十四小時不間斷地輪播張懸的〈關於我愛你〉：

十八世紀的迷你城鎮 Castrojeriz 是從布爾戈斯到萊昂的中繼站。

「你眷戀的，都已離去／你問過自己無數次、想放棄的／眼前全在這裡／超脫和追求時常是混在一起……／在必須發現我們終將一無所有前／至少你可以說／我懂活著的最寂寞／我擁有的都是僥倖／我失去的都是人生」

我擁有的都是僥倖，付出與失去的，都是回不了頭的人生……我擁有的都是僥倖，付出與失去的，都是回不了頭的人生……一路上，我反覆在心中吟詠這幾個擲地有聲，卻也悠遠綿長的句子……我擁有的都是僥倖，付出與失去的，都是回不了頭的人生……

無論我擁有什麼、失去什麼，在漫漫長路，唯一相信與堅持的，是自己可以一個人，繼續往前走。

AUTOVIA A-67

CH. 10

路上的陌生人

活著，存在的意義

「絕望是靈的疾病，是自我的疾病，因而可能有三種形式：
在絕望中沒有意識到擁有自我；
在絕望中不想做自己；
在絕望中想要做自己。」
—— 齊克果《致死之病》

區間：聖殿騎士團的泰拉地約斯（Terradillos de los Templarios）→ 萊昂（León）
里程：70.7 Km
移動：步行

我和寶琳娜面對面，默默啜飲著微溫的便宜紅酒。即使下午過了五點，外頭的溫度還仍是高得嚇人。來自加拿大魁北克的寶琳娜，有著一頭高流明度、高彩度的紅髮，在一隊太陽下低頭，苟延殘喘的朝聖人群裡，從來不戴帽子的她特別顯目。

寶琳娜的婆娑羅紅，是卡斯提亞無邊無際的鬱金黃中，一抹反骨性感的罌粟。

寶琳娜與康妮

「我和康妮在一起很久，打從柯林頓還是美國總統時就在一起……」我偷偷算了了一下，至少也有二十年。

「求學時，我們都是藝術學院的學生……」我終於明白為什麼在大熱天的聖雅各之路上，還有人全身上下都是波希米亞式的嬉皮風格，「康妮是極有才華的演員……記得在畢業公演時，她飾演《哈姆雷特》裡的奧菲莉亞，當進入最後一場戲，奧菲莉亞因為精神錯亂，失足落水溺斃時，現場一片寂靜，許多人都大口喘氣，卻沒有人敢發出聲音，深怕破壞這完美的一刻。」她低下頭，「當然，因為這次亮眼出色的表演，康妮被延攬至加拿大最好的劇團裡演出，這是她出人頭地的機會。」

「而我則專注於舞臺服飾上，後來也在圈內找到不錯的位置待下。」我們交換了對舞臺時尚的看法，她告訴我柯琳・阿特伍德（Colleen Atwood）在電影《怪獸與牠們的產地》中品味很好，並一致認為亞歷山大・麥昆（Lee Alexander McQueen）是最血淋淋的天才，至於不好的部分，因為我都沒聽過，自然也記不得。

「幾年好時光過去，苦日子就來了……」我想起喬治・馬丁的小說，順口回應說：「Winter is coming!」「No, winter is here!!」她也用小說對白回應。「接下來的日子真的很難捱，我們倆都在經濟與感情的邊緣掙扎求生。劇場工作少了，康妮有好一陣子沒戲可演……而原本會來加拿大投資的好萊塢，也因為有更便宜的選擇而離開北美……日子還是得過下去，我們都出去找第二份工作，至少要養活一家五口……」另外三口是一隻胖得可愛的虎斑、兩隻則是左右眼不同顏色，卻說不上來是什麼品種的貓科動物。

「二〇〇八年的金融海嘯或許過去了，但它留下的傷害卻一直都在，感染某種精神性的瘧疾般，每隔段日子就發作一次，然後把我們折磨得半死。」

「不過真正讓人難過的，是我們之間的感情。」寶琳娜搖晃著酒杯，「我們在一起渡過許多艱難時光，相互扶持……我的母親過世時，是康妮陪我走過死蔭的幽谷……父親臥病時也一樣，她給了我最堅定的支持……」

沉默像是湖心的漣漪般，在遮陽篷下向外擴散，也像是荒野中被狂風掀起的沙塵，瀰漫在呼吸之間，唯一能做的，就靜靜地等它過去。我知道，這次對話到此為止，所以我們用沉默與紅酒，結束漫長的一天。

沉默，是心領神會的靈犀，也是我所能想像得到，最純粹的自由。

從靜默走向更深的生命體會

大部分的場合，走在路上的朝聖者們，彼此間不會有太多的對話，有時候，甚至會好幾天講不到一句話，或許，這對於資訊交換焦慮的現代人來說，靜默反而讓生活變得沉重，但當你在路上一段時間過後，就能明白「沉默」的能量。

卡夫卡是我個人非常喜愛的文學家，他筆下的荒誕無稽引人入勝，但卡夫卡的「沉默」也有獨特體會。我在《給菲莉絲的情書》，曾經看過這麼一段話：

「妳曾說，妳喜歡在我寫作時坐在我身旁。讓我告訴妳吧！那樣的話，我根本沒辦法寫任何東西……寫作，意味著極度地釋放自我，是最深度的自我解剖、最赤裸的靈魂告白。這也就是說為什麼一個人寫作的時候，總是嫌惡靜默不夠深，一如嫌夜晚不夠黑的道理所在。」

菲莉絲是卡夫卡的未婚妻，因為卡夫卡在感情上優柔寡斷，心中有許多過不去的坎，終究，兩人結不成婚（看信也知道兩人之間的水很深）。卡夫卡的想法思維，深受丹麥神學家齊克果（Søren Aabye Kierkegaard）的影響，因此，他也認為，一個人為了不受到「非理性社會」的攻擊、傷害，他必須透過「靜默」自我強化，傾聽內心微弱的聲音，並且誠實地面對自己的怯懦無能，進而建構堅強完備的自我。

沉默是心照不宣的領會，靜默卻可以引導我們走向更深的生命體會。

一般人總會以為獨處時就能隨心所欲，而也把這種為所欲為的放縱視為「自由」，中世紀的聖本篤（Benedict of Nursia）相信，「獨處的自由容易會縱容成怠惰」，他接著寫道：「真正的獨處，是能在靜默中內省、覺察。」

到了二十一世紀的今天，許多人都講「靜默」，但真正的靜默，開始時卻令人不自在。即使近代，人們對「孤獨」與「靜默」的認識仍然曖昧不清。

享受一個人的平凡與寧靜

一九三三年，探險家李察．柏德（Richard E. Byrd），率領探險隊到南極美國基地作氣象觀測。由於人員安全的考量與裝備補給非常困難，他獨自一人在距離基地一百二十三哩的前進基地（其實只是間極其克難的小木屋）居住，進行大氣觀測。在氣溫攝氏零下七十度的永夜中，被隔絕近六個月。柏德在極端自然環境下，心理與生理上的疾病飽受折磨，而且期間意外驚險不斷。後來他把這段孤獨的精神之旅寫成奇特的自傳小說《獨自一人》（*Alone*）。

「在靜默中，我恍如猛然掉進陌生的星球，或是處於一無所知，也毫無記憶的地域中，不過，有時想想，我學到的正是哲學家們長久以來反覆陳述的體驗……一個人在諸事匱乏的境遇下，也可以過得很有深度……我終於明白梭羅所謂『渾身是知覺』是什麼意思了……擺脫物質的羈絆，知覺在新的面向中更為敏銳……天上、地上、心中，任何隨意或尋常事物，在日常生活中總是視而不見，現在它們卻刺激得不可思議。我強烈地感受，自己一生中就數這個時候最生氣蓬勃。」

不過，後來另一名探險家，曾經領軍登上聖母峰的約翰·赫特（John Hunt），卻對柏德的感性頗為感冒：

「如此鉅細靡遺地描寫內心世界，這樣的做法是否健康呢？所有的感受，或許只是個人自作多情的病態呢？探險家應該像個男子漢一樣面對世界。」

即使，約翰．赫特認為靜默太多有害無益，會讓一個男人變得害羞內向，但他最後還是肯定我們對靜默的渴求：

「身而為人，在我們不瞭解的天性深處，總有個聲音微弱、持續地呼喚著：你應該好好認識自己，你應該成就更好的自己……柏德被困在小木屋中，四周是蒼茫的黑暗，與置人於死地的嚴寒，他無事可做，沒有娛樂消遣……在漫長、寂靜、孤苦的極地永夜，他只能自我思索。在思索中，他成為更完整的人。」

我們花兩年的時間學會說話，卻用餘生學習何時閉嘴，體會靜默的力量。

身為一個鎂光燈前的公眾人物，有時候，讓我感到筋疲力盡。我不只一次衝動地想要逃離五光十色的一切，我渴望寧靜，如果可以，我希望一整天都不要說話。

不過，這種對獨處的渴望，追根究柢，是因為我不願意，也害怕在人前展現，真實的自我。因為最真實的自我，同時也是平凡無奇。誰想要過平凡無奇的日子？與平凡無趣的人交朋友呢？

如今，我走在荒蕪褴褛的曠野，看著時間在殘破的石碑上落款，享受一個人的平凡與寧靜，內心充滿著無法言喻的喜悅。

對抗世俗的精神堡壘

根據可信的資料表示，芙羅米斯塔（Frómista）的聖馬丁教堂（Iglesia de San Martín de Tours），已經有九百年的歷史了。仿羅馬式（Romanesque）的樸實風格，很能夠表現中世紀堅定虔誠的宗教風貌。

我並沒有預期在旅途中邂逅這座美麗的教堂，在魯本斯色調的光線中走入這座教堂是幸運，也是幸福的。來自加里西亞的玄武岩，以剛毅明快的線條，堆砌出人與永恆相遇的場所，多立克式素直無華的柱廊，將時間留在遙遠的年代。

許多藝術史教本都宣稱，源自高盧的哥德式（Gothic）才是第一個具有國際性的藝術

有九百年歷史的聖馬丁教堂建築風格相當樸實。

與建築風格，而把仿羅馬式貶為古羅馬的拙劣模仿。事實上，沉穩雄健的仿羅馬式風格，無論是做為宗教建築的象徵，還是封建神權的代表，都具有革新精神的樣式，顯示出大膽的實驗性格。中世紀在理解古羅馬的建築形式與思想經典後，巧妙地將自然神靈與異教形象、甚至是伊斯蘭主題結合起來，更上一層樓的是，將關注人體尺度的古典形式，以及熱愛生動裝飾的北方民族表現方式加以融合。

融合不同的文化能量，透過新技術的開發，將建築由物質層面推升至精神世界，一望無際的原野中，構築出神聖對抗世俗的精神堡壘，聖馬丁教堂本身就是最好的例子。

雖然聖馬丁教堂沒有彩繪玻璃，但我更偏愛它素淨明亮的雪花石膏。仿羅馬式另一項出色的成就是帶動雕塑與鑲嵌藝術的發展，在近乎極簡的柱廊頂端，布滿了各種造型可愛的傳說生物與森林動物：黃鼠狼是打著野狐禪的修道士，烏鴉是博覽群書的學究，而麻雀則是人云亦云的無知鄉民……柱頭的生動圖像，拼貼成映照紅塵眾生的伊索寓言。

深具表現主義精神的植物裝飾，是一片素雅中似錦的主題。風格化的視覺表現，則充分反映在祭壇上救世主的形象。

這裡只適合彌撒、沉思與禱告；做為婚宴場所，只會讓它變得平庸、媚俗。

生命的虛無與絕望

我流連在柱廊之間，閱讀光明與黑暗的影像詩。也在這裡，又遇到數日未見的寶琳娜。這場意外的邂逅，讓我有機會接續到寶琳娜與康妮故事的後半段。

「康妮一直給我最堅強的支持，但我卻自私地忘了，她也有她的脆弱，也有相同的情

感需求……她總是將生活的苦往肚子裡吞，但我卻認為那是理所當然的事，不知從何時開始，我們的歡笑愈來愈少，爭執愈來愈多，令人心情沮喪無言的沉默，加深了我們之間的深淵隔閡。當我注意到浴室裡瓶瓶罐罐的百憂解（Prozac）與克憂果（Seroxat）時，康妮已經憂鬱症一年多了。」

我看見寶琳娜的自責，在眼底打轉。

「某天，康妮不知道為什麼，搞砸了一場極其重要的試鏡，那是我們大半年收入最好的工作機會……我們在回家的公車上大吵一架，當時實在是沒錢了，只好連老舊到不行的福特天王星（TELSTAR）都拿去賣了。」

近乎極簡的柱廊頂端有造型可愛的傳說生物與動物。

「我們誰都不讓誰，幾乎是使勁全力地怒吼……從誰用誰的錢，到誰付出的比較多，什麼都拿出來說嘴。我罵她不懂生活的艱辛，都是我在扛家計……她則說我毫無良心，失智的父母親是誰任勞任怨地照顧守候……」寶琳娜抿一抿她厚厚的嘴唇，「結果我實在是太氣了，還沒有到站，我就按鈴下車。」

「我懷著滿腔的怨氣與憤怒，一路從市區走回家……最近的不愉快與過去的甜蜜糾纏在一起，我回想過去的點點滴滴，與後來的惡意相對，的確，自己實在是太自我中心……我虧欠她許多，卻自以為是地認為是她對不起我……我想回家，好好地坐下來溝通。」

「回到家時，發現屋內很黑，收音機傳來熟悉的旋律，李歐納·柯恩的低沉沙啞的歌聲……我踢到酒瓶，心中有不好的感覺。」

寶琳娜試著敘述最後的影像……

「我發現康妮躺在浴缸中，水染成紅色……就這樣，我失去了她。」

卡繆在《薛西弗斯神話》卷首寫下：「真正嚴肅的哲學問題只有一個，那就是自殺。判斷生命值不值得活，是最根本的哲學問題。」如果生命本身毫無意義，而我們又失去了堅持的信念，那我們該如何抗拒生命的虛無與絕望呢？

「康妮對齊克果、尼采、卡繆與沙特的書深深著迷，從很久以前她就認定，活著這件事毫無意義……而在荒謬無意義的世界中找尋意義，本身就是件無意義的事。回想起她所扮演的奧菲

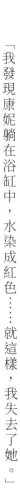

莉亞，為什麼動人？因為她就是奧菲莉亞。畢業公演的那場戲，似乎預演了她人生結局……最後，沉溺在自我情緒中窒息。」

寶琳娜撥一撥蓬鬆的紅髮，「我崩潰了……傷心、難過、憤怒了好久、好久，花了很多時間，才恢復過來。現在我明白，人生真正的罪惡，不在於對生命絕望，而在於渴望來生……摒棄今生的輝煌與豐盛，一味追求不可及的來世，這是最愚蠢的事，我決定要好好過日子。」

寶琳娜找到一本筆記簿，把所有的動心起念都寫在裡頭，不管是多麼天馬行空的事都沒關係，「只要想做，就去做。」因為看了電影《朝聖之路》（*The Way*），所以來到這裡。當然，她也在路上反芻悔恨與遺憾，透過八百公里的披星戴月，為自己與愛人贖罪。

存在的焦慮與意義

在聖雅各之路久了，每個朝聖客都化身成過度詮釋的符號學家，沿途的一草一木，他人的一言一行，都可能被無限上綱。和寶琳娜分道揚鑣後，她們的故事就一直縈繞我的心中，我在腦海中不斷浮現素未謀面的康妮，躺在一缸觸目驚心的血色畫面，不時幻聽李歐納・柯恩的歌，和那些曾經對生命意義深度思考的存在主義作家的隻字片語……我試著解讀在這些浮世蒙太奇的背後，究竟有多少價值與意義。

人只要活著，就會對「存在」本身產生焦慮，這源自於沙特對「人為什麼活著」的思考：如果人生一切都是隨機偶然，活著本身也沒什麼特殊意義。正因為活著本身沒有目的，自然也沒有快樂不快樂的情緒問題，而人之所以活得不快樂，沒有自由，不能做自己，是因為我們「錯信」（mauvaise foi）了許多事，認定我們必須照某種方式生活，認為自己必須要完成某些事，與某人在一起。沙特告訴我們，要接受世界是不斷變動的事實，當我們接受變動的同時，也意識到活著的「焦慮」是必然，「焦慮」是邁向成熟的階梯，是存在的心理印記。我們之所以焦慮，是因為看見生命現實的種

種可能所產生的感受，而我們隨時都可以掙脫腳鐐手銬，選擇自己想要的人生，然後堅定勇敢地活著。

接受消極的虛無後自殺，這不是存在主義所推崇的價值，積極勇敢地活著才是存在主義的價值。

我在回庇護所的路上，遙望古樸典雅的聖馬丁教堂，夕陽中，存在感十足的建築塊體，像是一道清晰明朗的要求，一句擲地有聲的呼喊：要在荒野中，堅定信念，開創出自己的富足豐饒。

533 BEGUES (BCN)
SANT
GO DE COMPOSTELA 532
CURITIBA-PR-
GAMONAL
85 Km.
QUEENSLAND
AUSTRALIA
SAN JUAN DE
ORTEGA

CH. 11 在路上

不安在烈日下雲散煙消

「以前也說了，那件事以我來說如果可能我希望完全忘掉。那時候所受的傷已經逐漸癒合了，自己也算克服那痛了。那很花時間。好不容易癒合的傷痕，現在不想再去揭開。」

「可是，到底怎麼樣呢？那可能只不過是表面上看起來好像已經癒合了而已也不一定喔！」

沙羅盯著作的眼睛看，以安靜的聲音說：「裡面，可能血還在靜靜地繼續流著也不一定。你沒這樣想過嗎？」

——村上春樹《沒有色彩的多崎作和他的巡禮之年》

BACKPACKING TEAM
Completo? De nada
BONHEUR-HAPPINESS

來自義大利阿西西的方濟各，認為自願性的貧窮，是力行的善。

相傳，一位遠道而來的朝聖者，在拜會方濟各後，在教堂的主祭壇上放了一枚金幣，做為虔誠的奉獻。結果，一名僧侶順手將金幣拋出窗外。另外的版本認為這樣還不夠：「方濟各要求朝聖者用嘴將金幣啣起，然後把它吐在馬糞上。所有看見、耳聞這幕場景的人們都驚呆了……方濟各鄙視金錢，在他的眼中，財富是如此微不足道，比糞便還不如。」

此對金錢的強烈厭惡，《世說新語．規箴》也有相似的故事。

相傳晉朝的王衍，十分厭惡當時士大夫奢靡鋪張的腐氣。王衍的老婆郭氏，則愛錢愛到不行，很會存私房錢，王衍覺得老婆愛錢的言行舉止讓他很不舒服，所以對於「錢」的話題絕口不提，就連「錢」這個字也不願意說出來。

郭氏雖然很愛錢，但也是一位機巧有手腕的女人。某天，她趁著王衍睡覺，故意把錢拿出來，圍繞在床邊，因為有錢擋住，王衍下床就很不方便，一定要請僕婢移走。但王衍仍然堅持他奇怪的原則，絕口不提「錢」這個字，所以呼喚婢女：「舉卻阿堵物。」「阿堵物」是當時的流行口語，意思是「這個東西」，「舉卻阿堵物」的意思，就是「把這些東西移走」。也因為這個典故，也有人把錢稱之為「阿堵物」。

無論是視金錢如糞土的方濟各，還是清談誤國的王衍，都相信「金錢」是危險的，它具有腐化人心的特質。

藝術大師喬托畫筆下的方濟各

在聖雅各之路，沿途所經的城鄉市鎮，無論是大街小巷，或是廣場教堂，除了使徒大雅各之外，另一位常見的聖人形像，則非方濟各莫屬。幾年前，某個寒冷的冬日午後，在搭火車返回羅馬之前，我在阿西西的聖方濟各大會堂（Basilica di San Francesco d'Assisi），消磨了一段美好的時光。因為過了午後兩點，原本就涼薄的冬陽顯得更加孱弱，偌大的聖堂內空無一人，只剩下我與牆上的方濟各。

由喬托所繪的睡夢中的英諾森三世，與出手扶持傾斜教會的聖方濟。

七百多年前，藝術大師喬托來到阿西西，繪下了中世紀最具個人特色的聖徒傳奇，二十八幅超大尺寸的濕壁畫作品，鉅細靡遺地畫出方濟各的天路歷程：在小教堂看見基督顯聖、與父親脫袍斷義、教皇英諾森三世的異夢、和野生動物對話、領受聖痕，鮮明的人物與色彩，彷彿喬托也在現場目睹，然後再以大膽精確的構圖，與直截了當的色彩，呈現他對方濟各的景仰與感佩。

在十三世紀藝壇，能超越喬托的，就只有喬托本人。

藝術家的反擊

看過帕多瓦・斯格洛維尼禮拜堂（Cappella degli Scrovegni）與佛羅倫斯的聖十字聖殿（Basilica di Santa Croce）內喬托的作品後，再來阿西西與方濟各來一場近距離接觸，你會更了解喬托的魅力。

畫家深諳人心的複雜與現實陡峭，即使是聖殿內讚頌聖徒的濕壁畫，喬托還是忍不住對街坊的三姑六婆與可畏的蜚語流長諷刺一下，據說在方濟各與父親公開斷絕關係的畫面中，那些滿臉鄙夷，眼神猥瑣的市民，正是畫家在實際生活中，對他作品諸多挑剔刁難的人士。

藝術家的報復，不會在現實出言反擊，相對的，他可能將挫折與不滿轉化成大眾都可以辨認的形象或符號，留給後世指指點點。米開朗基羅也做過相同的事，當他為西斯汀禮拜堂創作〈最後審判〉時，構圖中大量的變形、扭曲裸露的身體，讓許多人看了不開心，來自切塞納（Cesena）的樞機主教比亞喬・馬提內利（Biagio Martinelli）

只因為說出「這種瀆神、不入流的垃圾，只配放在大眾浴場，不可以在梵諦岡出現」的牢騷，就落得畫家配上驢耳朵，下部還被蛇咬的悲慘下場，即使後來主教跑去向教皇告狀哭訴，看來還是沒用……

「藝術家真小心眼啊！」想到這裡，我情不自禁地笑了出來，聲音之大，連保安警衛都過來關心。

正因為阿西西的方濟各大會堂，給了我太深的衝擊與感動，所以在朝聖路上，與方濟各異地重逢，內心滿溢著親切與感動。

根據不太可靠的資料顯示，方濟各也曾走在前往繁星之地的朝聖路上。相傳方濟各於一二一三年離開義大利，搭船航越地中海，抵達巴塞隆納後與教友會合，一路向西北方向前行，在洛格羅尼奧（Logroño）後接上法蘭西之路，最後抵達聖雅各城。與另一條朝聖道厄波羅之路（Camino del Ebro）大致相同。

傳說方濟各在前往聖城的路上，成立幾座修道院，卡里翁・德・洛斯・孔德斯（Carrión

de los Condes）的聖克拉拉修道院（Monasterio de Santa Clara）就是其中一座，修道院的禮拜堂內仍供奉著方濟各撫摸過的瑪利亞聖像。

可惜它不對外開放，大概是太珍貴吧！

米開朗基羅在〈最後審判〉畫中暗中對樞機主教不友善的評論展開藝術性的報復。

漫遊者自願性的貧窮

正當朝聖之旅即將邁入第三週時，我也逐漸體會方濟各所謂「自願性的貧窮」是什麼，慢慢拾回以前身為「漫遊者」的從容與自在。

出發前的種種擔憂疑慮：因為

怕下雨，雨衣（或雨傘）、背包防水套與Gore-Tex夾克不可少；怕著涼，就多帶兩套長袖衣物；怕摸黑，頭燈與電池也免不了；怕生病，各式內服外用的藥品也一籮筐……最終，所有的害怕與不安都化成具體的重量，沉沉地壓在我們的肩膀與心頭。

方濟各所主張「自願性的貧窮」，在精神上與佛家的「斷捨離」是相通的：斷絕不需要的東西，捨棄多餘的廢物，超脫對物欲的執著。透過減法的生活思維來擺脫物質的桎梏，也是每位朝聖者在路上的基本體悟。

從自願性的貧窮到斷捨離，重點並不是「貧窮」或「丟」，而是在於當下的自己。透過理性與感性的交叉辯證後，慢慢地，我們釐清自己真正的需要：生活中「丟掉好可惜」的東西、情感裡「不甘心不放手」的關係、工作上「沒我不行」的一廂情願、生命中「捨得捨不得」的情緣，原來，一個轉身，才發現世界有我，或沒有我，有它，或沒有它……其中並沒什麼不同。

話雖如此，我回想自己的人生，尤其對於情感，是最難以判斷：要下定決心割捨，還是堅持下去？

當一段關係（愛情，或是工作）變得拖沓曲折，我們只是在其中虛耗自己；當我們糾結在其中困頓迷惘時，也意味著執著於支離破碎的過去，卻忘了真實存在的未來。

解決就只有放下而已

出發之前的我，因為工作上的失意而離群索居，雖然沒有怨天尤人，但不滿與羞辱的感受揮之不去，因為在這個職位上奉獻、犧牲了許多，後來事情發生時，才覺得心痛落寞。當然，許多朋友的關心打氣，可以緩解內心鬱結的煩悶，不過，那些表面上看起來癒合的傷口，實際上，血仍在底層靜靜地流動，傷口依然隱隱作痛。

理智上，不斷告訴自己應該要放下，情感上卻不甘心。這種感覺就像住在鬧鬼的屋子一樣，無論走到哪裡，內心都不得安寧。其實，解決「鬼屋問題」的方式很簡單：搬出來不就得了。而要真正的平靜，就只是放下而已。

走在聖雅各之路，漸漸地，我只想向前走，慢慢地，想不起當初讓我心痛，離開家的理由。當我看著祭壇上的方濟各，突然想起那些心力交瘁的曾經，當下明白，原來我已經割捨，已經遺忘了。

我並沒有帶太多「因為擔心而準備」的行李，不過雜亂的攝影器材，還有老舊厚重的背包，仍讓我吃足了苦頭。即使已經開始用力地捐物資、丟東西，背包仍相當具有分量，看來自己的人生中，還是有太多捨不得、斷不了、離不開的奢望。

我對自己發誓：如果還有下一次，就帶手機和錢包出門就好了。

在路上直視赤裸的自己

Carrión de los Condes是法蘭西之路與北方之路的第一個匯合點，朝聖者沿著比斯開灣岸西行，來到港都桑坦德後折向南方，攀越崎嶇難行的坎塔布連山脈後，奔波約一百七十五公里左右，就抵達這座充滿靈性的靜謐小鎮。Carrión de los Condes距離萊昂，還有九十二公里，以目前的速度推進，大概只需要三天左右的腳程。

但它從容優雅的古老氛圍，值得我為它佇足。踏進Carrión de los Condes的那一瞬間，就決定在此停留。

如果是一開始踏上朝聖之路的我，一定會著急趕進度，披星戴月地向西疾行。經過了四百公里的洗練後，我已經超越朝聖初期，生理體能的種種不適，也度過了旅途中期，心理上懺悔與疚愧的煎熬。從布爾戈斯到萊昂這段旅程，是我「真正」享受流浪的段落。每天清晨，我都滿懷感恩地出發，並且在心滿意足中結束一天的行走。出發前的焦慮、不安與煩躁，早已遺落在聖雅各之路的某個角落，或在卡斯提亞的烈日下雲散煙消。

朝聖之路，並不會給我們什麼，相對地，它強勢地剝去生活所賦予添加的一切。讓我們直視赤裸的自己，重新定義簡素與奢侈。

真正的簡素，不僅只是生活上的縮衣節食，更是心態上斷捨離後的豁達自如。

真正的奢侈，並非揮霍無度的金錢，也不是予取予求的權勢名望。對於現在的我來說，明白即使走到水盡山窮的窘困，仍保有那份閒看花開花落的自在，這才是人生至高無上的奢侈。

堅持是最深沉的叛逆

有些旅行，像是在佛羅倫斯探索文藝復興、追尋切・格瓦拉的中南美洲摩托車日記的流浪、谷崎潤一郎的京都文學紀行或荷馬的史詩發現之旅，他們能在任何時代，任何年齡的任何人，都有所撩撥與感動。但有些旅程，只有在特定時刻才對特定經歷的人展現意義。前往繁星之地的朝聖路正是如此，能真正了悟「朝聖」意義的旅人，不可以太年輕，最好有些閱歷，不可以沒有失望，最重要的，要經歷過種種打擊與落寞。透過這些特殊的內在設定，當我們走在聖雅各之路時，才能明白「堅持」，是最深沉的叛逆。

回想自己年少時，任何的善意、規勸，在我眼中，都成了平淡無味的拘束。年輕的心所渴望的，不是撫慰，而是對自己的深信不疑，所有荒唐、激進、無厘頭的痴心妄想，都可以點火煽動，引爆內心反覆翻騰的昂揚熱情。

又過了多少年，才赫然發現明白，那些自以為是的奇景險徑，那些非走不可的曲折彎路，原來許多人早已踏平走遍，而那些諄諄善意，是過來人素直無華的溫柔叮囑。

與聖雅各之路朝夕相處的過程中，它低調、沉默，與新世代格格不入的謙卑秉性，帶領我重新思考自己在生命中的失去與擁有。我們都瞭解現實人生的狹窄、蜿蜒、平庸，但如何在其中保持清醒與尊嚴，是多麼需要勇氣、誠實與相信。

夕陽時分，我獨占著古老修道院的寧靜片刻，偶爾颳起的微風，讓空洞的窗輕輕搖曳，陽光在瘖啞中緩緩推移，我閉上眼，試著感受時間以外的存在，就在那一瞬間，我以為，我擁有全世界。

CH. 12

逆光

明天，繼續前進

「There is a crack in everything
萬物都有裂縫
That's how the light gets in
那是光照進來的契機」
—— Leonard Cohen,《*Selected Poems*, 1956-1968》

區間：萊昂（León）→賽布雷洛（O Cebreiro）
里程：155.5 Km
移動：步行＋自行車

這一路上，與許多偶然擦肩而過，不留餘韻，不著痕跡。

初始的猶豫徘徊，現在都成了義無反顧的勇往直前。從清晨到日落，我唯一需要的，就是不停地往前走。

當然，走在聖雅各之路上，每個人都有一套消磨時間，尋找樂趣的方法。有些人會數自己的腳步，從出發到抵達庇護所，這些人會認真地計算今天走了多少步，偶爾附帶上下階梯的總數，例如某一天，從Carrión de los Condes到Terradillos de los Templarios，二十五點八公里的路途，這些人就告訴我今天走了四萬六千三百七十七步。有些人熱衷計算沿途的十字架數目，有些人則是統計在路上看見扇貝的種類。

「前幾天，我在路上有看見一塊用玻璃串編的扇貝門簾，很漂亮……」

這個時候如果再把相片拿出來，包準驚歎四處，哀鴻遍野。

「為什麼我沒有看見？」

「為什麼沒告訴我？」

「為什麼只有你有？」

「為什麼……」

原本善意分享的美麗心情，一不小心擦槍走火，就會變成互揭瘡疤的批鬥大會。

聖雅各之路，是折射人性的稜鏡，透析出人心光譜的漸層變化，在明亮溫和與清澄冰冷的色調轉換間，你也會發現，自己內心的光經過稜鏡的色散之後，究竟哪個顏色在我們心中分量最重。

「你的靈魂，是透明閃亮的藍光。」

「哦？」我睜大眼睛。

「內斂、冰冷、但是溫柔、哀傷的光，從你的靈魂中發散出來。」

「……」

「默默地支持你所愛的人，像大海一樣包圍著他們。」

來自美國德州的志工阿姐，握著我的朝聖者護照，完全沒有放手的意思。

「但是，要小心啊！千萬不要沉溺在自己的海洋之中哦！」

我笑了笑，接過朝聖者護照。Bercianos del Real Camino號稱有卡斯提亞最美的夕陽，庇護所的戳印也提醒我們這項可議的事實。Albergue Parroquial Casa Rectoral是由十數名志工共同營運，在朝聖路上有百來間性質相同的庇護所，它們有可能是古老的隱修所、文藝復興時期的神學院、在內戰中被炮擊損壞後修建的主教座堂，甚至是荒棄重啟的軍營或郵車驛站，經過悉心復原與安排下，只要付出極低的經濟代價，就能為所有疲憊的旅人們，提供簡單的晚餐，及一張舒服的床。

在聖雅各之路遇見柯恩

當西斜的陽光呈現祖巴蘭式的橙黃時，我坐在二樓的窗臺，信手翻閱著萊斯蕾・布蘭琪（Lesley Blanch）一九五四年所出版的《愛情的險岸》（*The Wilder Shores of Love*），無論是專一狂烈的伊莎貝兒・柏頓（Isabel Burton），或浪漫縱情的珍・狄格比（Jane Digby），這幾位十九世紀奇女子的真實際遇，都在「旅行」的召喚下走向世界，真正偉大的旅行者，是勇敢掙脫禮教束縛，發現意義後履修天命，成就自我。

當我讀到雌雄莫辨的伊莎貝爾・埃柏哈德（Isabelle Eberhardt）在阿爾及利亞陷入熱戀之際，聽見樓下傳來的歌聲。在聖雅各之路上，音樂總是在意外的轉角與我們不期而遇。

在潘普洛納主教座堂，參加無名氏悼亡儀式，威爾第的《安魂曲》在黑暗裡縹緲；十三世紀的《天使彌撒》（*La Missa de Angelis*），迴盪在空無一人的庇護所長廊；咖啡座播放的鮑布・狄倫，站在街頭的披頭四，還有一路相隨，幾乎是無所不在的李歐納・柯恩：〈Hallelujah〉。

「I'VE HEARD THERE WAS A SECRET CHORD
我曾聽過一種神秘的音弦
THAT DAVID PLAYED, AND IT PLEASED THE LORD
那是大衛所奏，而蒙神所喜悅的
BUT YOU DON'T REALLY CARE FOR MUSIC, DO YOU?
但其實你並不在意音樂，不是嗎？
WELL, IT GOES LIKE THIS

好吧，它是這樣進行的
THE FOURTH, THE FIFTH, THE MINOR FALL, THE MAJOR LIFT
四度、五度、降小調、升大調
THE BAFFLED KING COMPOSING HALLELUJAH
困惑無助的國王譜出了哈利路亞
HALLELUJAH, HALLELUJAH, HALLELUJAH, HALLELUJAH
哈利路亞、哈利路亞、哈利路亞、哈利路亞」

這是一首帶著優雅、灰暗與晦澀色調的吟唱，透露出對生命的困惑與失望。我理解這首曲子的方式，是因為自己也曾經迷失在情愛的幽谷深處，無助地在虛空中遊蕩徘徊。

當時，我的世界向內崩塌，凹陷的心理只容得下陰暗與不平，自怨自艾在陽光照不到的角落默默生長，可預見的未來，空虛的內在會長滿自戀與自憐。

所以，我自暴自棄，並將自己，放逐到眾人的視線之外。很多年後，我才意識到自己的懦弱與無能。生命有多殘酷，自己就應該有多堅強；現實有多堅硬，內心就應該有多柔軟。

「Hallelujah, Hallelujah, Hallelujah
哈利路亞、哈利路亞、哈利路亞、哈利路亞
Baby I've been here before
親愛的我曾來過這裡
I know this room I've walked this floor
我熟悉這裡的房間，曾經走過這裡的地面
I used to live alone before I knew you
認識你以前，我曾孤獨地住在這裡
I've seen your flag on the marble arch
在凱旋門上我看到了你張揚的旗幟
Love is not a victory march
愛不是勝利的進行曲
It's a cold and it's a broken Hallelujah
愛是一個冰冷而破碎的哈利路亞」

柯恩那精雕細琢的文字，沉鬱蒼涼的詩韻，彷彿來自九泉下的吟唱，以過來人的老朽，緩慢地淒訴曾有的輝煌與冷落。

「WELL THERE WAS A TIME WHEN YOU LET ME KNOW
曾經，你向我顯示神蹟
WHAT'S REALLY GOING ON BELOW
到底人生是什麼？
BUT NOW YOU NEVER SHOW THAT TO ME DO YA
但是你很久不曾對我說話了
BUT REMEMBER WHEN I MOVED IN YOU
但我仍記得，當我走向你時
AND THE HOLY DOVE WAS MOVING TOO
你也走向了我
AND EVERY BREATH WE DREW WAS HALLELUJAH
我們的每一次呼吸，都是你的恩典」

大部分的我們，在內心中，總有些根深柢固的恐懼：害怕好事在轉瞬間消失，害怕壞事在下一秒鐘降臨。除非事情由我們「完全」掌控、微調、主導、執行、追蹤、完結。總是在執著之後，再一次發現，似乎世界沒有看見我們的付出，一次又一次的跌倒、挫敗，你有多少勇氣再站起來呢？你還能用笑臉面對羞辱與譏誚嗎？走在死蔭的幽谷時，你是否還能保持信心，讚頌「哈利路亞」呢？

我看著樓下的朋友們，以各自的曲調，唱出心中的哈利路亞。沒錯，李歐納・柯恩的音樂，極可能不是給神的奉獻，充滿性暗示的文字讓許多衛道人士嗤之以鼻，不過，那又如何？相同的文本，會給一百萬人一百萬種想像與理由，每個人聽完之後想說什麼就說什麼，這就是文學偉大之處，你我都可以在字裡行間找到安身立命的寓所。對我來說，柯恩的音樂真誠、簡單而動人，文字具有詩般的美麗與雋永。他書寫青春，書寫浪漫，書寫人生難以排遣的悲傷，書寫你我欲語還休的無奈，在永劫的居留與鄉愁間擺盪、浮沉。

「I DID MY BEST, IT WASN'T MUCH
我盡力而為，但依舊不夠
I COULDN'T FEEL, SO I LEARNED TO TOUCH
我無法感覺，所以學習觸摸
I'VE TOLD THE TRUTH, I DIDN'T COME ALL THIS WAY
TO FOOL YOU
我道出真相，這一路走來並非要愚弄你
YEAH EVEN THOUGH IT ALL WENT WRONG
縱然我搞砸了一切
I'LL STAND RIGHT HERE BEFORE THE LORD OF SONG
我依舊會佇立主的跟前
WITH NOTHING ON MY TONGUE BUT HALLELUJAH
靜默無語，只有哈利路亞」

我望著遠方的暮靄，呆呆地出神，在《愛情的險岸》恣意馳騁的奇女子，在柯恩〈哈利路亞〉裡意冷心灰的人們，我們都看見似曾相識的身影，那個不斷在現實生活中妥協，逃避、推責諉過，自我扭曲後再自圓其說，最後失望的，也是自慚自憐的自己，我們沒有成為想要成為的自己。現在這些人，包括我在內，都來到了聖雅各之路，都想搞清楚現實中的自己究竟發生了什麼事，竟流落到卡斯提亞的荒原上露宿餐風。

脫離日常生活的現實後，我們所經歷的旅程，與其說是具有神諭性的朝聖之旅，更像是「解壓縮」的過程，自己慢慢解開鬱壘在內心複雜的萬縷千絲。

現在，我唯一想的，是加入樓下的朋友們，放歌縱酒。明天，繼續前進。

中世紀的王者之都

風雨兼程中，我在一個濕漉漉的清晨抵達萊昂。三週的行走，五百公里的跋涉，終於抵達中世紀的王者之都。

這座創建於西元六八年的古羅馬城市，歷經帝國管轄下的短暫和平、北方蠻族南遷後的群魔亂舞、充滿災禍與不幸的阿斯圖利亞王國、穆斯林的蠶食侵攻，直到歐洲史上最有學問的國王，人稱「智者」（El Sabio）的阿方索十世（Alfonso X de Castilla）雄才大略下，才將卡斯提亞、萊昂、加里西亞聯合統一。

走在明亮、現代的大街上，感覺一切嶄新美好，古老的權力傾軋早已消匿時間的裂隙中，成河的眼淚流入大地，為新時代帶來豐潤與滋養。我穿過新城，步入昔日皇都，歷史才在我眼前展開：高不可攀的城牆（Las Cercas）是阿方索十一世的構思，筆直的

在風雨中一路馳騁，距離繁星之地還很遙遠啊！

石板道則是十七世紀的修繕，左邊的Plaza del Grano則更早一些，十四世紀時朝聖者們就在這裡取水，交換情報。更遠一點的聖依西多羅教堂（Basílica de San Isidoro），則緊守著十世紀的沉默堅忍，屹立不搖。

我穿過曲折的巷弄後，哥德式的萊昂主教座堂（León Cathedral）就佇立在擁擠的人潮之中，漠然，遺世獨立，彷彿世界的喧騰與它無關。若望二十三世曾說它，「玻璃比石頭多，光線比玻璃多，信仰比光線多。」渴望光與救贖的人們，走入主教座堂，你的想望將會得到滿足。這裡擁有與西班牙格格不入的輕盈明亮，而這種光彩來自於伊比利半島一向鄙視的法蘭西。西班牙處處可見陰冷、厚重的哥德式建築，但像萊昂主教座堂擁有如連篇詩歌般的巨幅彩繪玻璃，可說是絕無僅有。

延長、最後消失在視線盡頭的柱廊。雙眼無法凝視、對焦的拱頂。飽涵傳奇、寓義與聖諭，目不暇給的玻璃鑲板。身前風光、身後

哥德式的萊昂主教座堂有如詩歌般聳立在人們心中。

悲涼的貴族墓雕。過度雕琢、彷彿吹彈即破的石刻欄杆，一切就在眼前，卻也遙不可及……阿斯圖利亞諸侯，卡斯提亞與萊昂的先王們，板起臉孔，羅列在空氣稀薄的高處。這裡是基督信仰的萬神殿、與異教徒征戰殉難的瓦哈拉。

除卻知識與想像後，萊昂主教座堂的光與影，只想讓人安靜地待在角落，感受時間流過大教堂後，無聲翻騰的漣漪與洄瀾。

當我在時間裡載浮載沉時，教堂內傳來神秘的呼喚，在黑暗中，我循著光亮前進，抬起頭來，看見鏤刻在玻璃上的紅衣男子，是使徒大雅各，正以謎一般的溫柔眼神，看著底下狼狽的我，彷彿告訴我說：

「休息一下，就繼續上路。距離聖雅各，還很遙遠哪！」

CH. 13

加里西亞
走向最後一道天險

「大多時候，讓我們懂得事物價值的，正是失去。」

——叔本華《附錄補遺》

區間：賽布雷洛（O Cebreiro）→　阿爾蘇阿（Arzúa）
里程：118.5 Km
移動：步行＋自行車

奧爾維戈橋古意盎然，這座古城的市徽剛好是一名二頭身醫院騎士。

離開萊昂，我走在泥濘與柏油所反射的銀光之上，穿梭在繁華與荒蕪間，迂迴前進。這一路經過許多城鎮：Trobajo del Camino（路上的莊園）、La Virgen del Camino（路上的聖母）、Valverde de la Virgen（小康的聖母）、San Miguel del Camino（路上的聖米迦勒）、Villadangos del Paramo（有水的荒地小村）、Celadilla del Parámo（梨樹的荒地小村）、San Martín del Camino（路上的聖馬丁）……城鎮本身，就和它的名字一樣：似曾相識、大同小異、平凡單調。

在了無新意的重複中，仍然有意外的驚喜。偶然，街角頹圮的天使、斑駁的禮拜堂、鏽蝕的鐵十字架，與古老的虔誠不期而遇，像久旱甘霖般清新可人。

愈往大西洋靠近，浸潤的綠意也愈來愈濃，卡斯提亞式的琥珀金黃漸漸褪去，加里西亞式的鐵紺深緋緩緩襲來。沿路荒村小城的風格樣貌，也隨著地景而改頭換面。

奧爾維戈河（Rio Órbigo）岸邊，是具有末代武士遺風的奧斯皮塔爾・德・奧爾維戈（Hospital de Órbigo），石造建材所透露出固執頑強，散發出西班牙武夫的堅忍貴氣。沒有專為服務觀光客而營業的媚俗酒館，也沒有全球連鎖，便利卻毫無個性的超商賣場，就連門面木然的庇護所，走入中庭才意外發現，都像是從塞萬提斯小說裡復刻出來的。

五百多年前，醫院騎士團（Ordre des Hospitaliers）在小鎮的另一端，興建醫療中心及修道院，守護前往使徒墓地絡繹不絕的朝聖群眾，不知道什麼原因，這裡的氛圍並沒有被現代化腐蝕，仍保有萌萌的古風。我偏愛年代悠渺的奧爾維戈橋（Puente de Órbigo），古城的市徽，正是一名二頭身醫院騎士，駕著馬緩緩踏莎的可愛場景。

乍看之下，任何人都會以為奧爾維戈橋是向河面伸展的舞臺，我緩緩踱過蜜糖色的石板道，眼前出現的，像極了浮世繪畫師歌川國芳筆下，源義經與武藏坊弁慶初遇的五條大橋。

這是座適合與命運相會的所在：生死交關的決鬥、地久天長的誓約，或一個朝思暮想的守候身影，奧爾維戈橋與納瓦拉的皇后橋，是法蘭西之路上，美好難忘的踰越。

在路上尋找人生的解方

走出小鎮，從十公里外的山丘，就可以看見阿斯托加（Astorga）巍峨的大教堂，像一艘來自遠古的石船，永久擱淺在時間之外。

遠眺的雄偉只是距離產生的錯覺，當我來到底下，阿斯托加大教堂冠冕富麗的緻密石雕，讓人屏息、悸動不已。與其形容它是聖靈的寓所，它更像是被放大一萬倍，手工精細、舉世歎為觀止的珠寶匣。而匣中所收納的，是「相信」、「希望」、「平等」與「愛」，這些受到壓迫的人們才瞭解，瓦解帝國、奴役與專制的信念。許多文字與圖片，竭盡所能地詮釋「銀匠式風格」（Plateresque），但都比不上站在此地，直接與無與倫比的藝術能量面對面。

當然，來到阿斯托加，另一項值得佇足停留的，是阿斯托加主教宮（Palacio Episcopal de Astorga）。這是建築師高第少數座落於巴塞隆納以外的建築設計案。融合古希臘邁錫尼文明的古拙粗獷，及哥德復興式（Gothic Revival）的童趣天真，大膽直接的西班牙建築語法，卻帶有加泰隆尼亞的口音。高第兼具保守懷舊與前衛大膽的空間設計，讓阿斯托加主教宮成為卡斯提亞西部最令人難忘的回首。

告別富麗與童夢，我繼續在風塵中奔馳，尋找人生的解方，任何人都無法回答的答案。

體會跌宕自喜的豁達

我在被稱為「小聖雅各」（La Pequeña Compostela）的比耶索自由鎮（Villafranca del Bierzo），告別卡斯提亞。從字義上來解構，它是由「村莊」（Villa）、「法蘭西的」（Franca）及「比耶索省」（El Bierzo）所複合而成。相對於日光傾野、人煙杳杳的卡斯提亞，被葡萄酒莊園環抱的自由鎮，更有浣花溪橋、棣棠忘憂的風雅情趣。穿過山城曲巷折弄，細數宮牆柱飾，敦厚的石砌，

Escultura
ALBERGU
Besv

BESV

旖旎中伴著古羅馬的鄉愁，拾級而上，原以為在這裡偶遇的，是佳期山水的玉澍清風，在盡頭團圓的，卻是陳年歷史的往事塵緣。

依據梵蒂岡的公告，當年的七月二十五日（聖雅各日）落在星期天，當年就是聖年（Jacobean 或 Año Santo Jacobeo），每逢聖年，聖雅各主教座堂的聖門就會開啟，相傳只要在聖年穿過聖門，就可以抵銷一生所有的罪咎。這年前來朝聖的旅人也會明顯增加，尤其是夏至過後的七月，似乎所有人，都打包自己過往的傷感、懊悔與遺憾，前來贖罪。

同時，在聖年期間，位於比耶索自由鎮外圍的使徒雅各教堂（Iglesia de Santiago Apóstol），也會開啟「寬恕之門」（Puerta del Perdón），為旅人洗滌靈魂的汙漬墨跡。一次旅程，抵免一生所有的過錯，無論從哪個角度切入想像，這都是一本萬利的好生意。

根據閏年計算，聖年有六－五－六－十一年的循環模式，上一次聖年是二〇一〇年，下一次則是二〇二一年，再其次是二〇二七年和二〇三二年。

緊閉的寬恕之門，像是一本翻不開、讀不透的人間春秋。這一路的反思反省，逐次明白，所有的舊人舊事舊念舊契，它們是滿城迤邐的風月琳瑯，也是切齒咬牙的粗礪冰霜。有多少風光，就會有多少淒涼；有多少褒揚，就會有多少奚落。原來，生命自有它的節氣，在燕草方生的驚蟄清明勃發，在秦桑低綠的穀雨芒種深扎，一季的豐收後，面對露寒霜降，避無可避的蕭瑟，要學會養晦韜光，要懂得深納斂藏，下一季的桃夭，就在小雪大寒之後。

我眐望著站在門前，許久。

回想年少的飛揚跳脫，都是血氣方剛的輕狂，在錯誤中，我學會節度與自制。回想過去十年的風發昂揚，錯以為人生是花開不敗

的盛宴，在用盡氣力，鞠躬下臺的回眸後，我應該理解大部分的掌聲，其實只是蛙鳴鼓譟，在謬誤裡，我重新學習，體會跌宕自喜的豁達。

不需要原諒，也不需要寬宥，這一路的成敗是非，都是人生無可取代的收穫，有什麼好遺憾？有什麼好埋怨的呢？看清前塵與後路，一切就明白了，所有的風花雪月，終會踏上荼蘼。面對茫然、無所知悉的未來，唯一能的，是盡力做，最好的自己。

約翰・摩爾爵士的悲慘戰役

我帶著月白風清的疏朗，走向旅程最後一道天險。

一八〇九年一月，歐洲人民在兵燹中忍受飢饉與嚴冬。協助西班牙王室對抗拿破崙部隊的英國軍團，為了躲避法國人的追擊，在約翰・摩爾爵士的帶領下一路撤退，他計劃翻越卡斯提亞邊境的萊昂山脈（Montes de León），打算在大西洋畔與其他友軍匯合，另闢戰場。萬萬沒想到，山頂的情況完全在意料之外：

「山腳下是冷風是殘酷的考驗，十幾哩外的山頭，持續不斷的壞天氣，讓我們以為走入極圈的寒冬……沒有任何一個人有心理準備，迎接伊比利半島的風雪。」

根據約翰・摩爾的私人手札記載，後世才知道當晚發生的事：

「無論是英國人民或者是西班牙皇室，都催促我們盡快結束戰爭，在幾番討價還價後，每個人都被允諾可以拿到一筆可觀報酬……士兵們夢想著戰爭結束後，返鄉後要做些什麼。結果，負責軍資的主計官，在押送馬車攀上塞布雷洛（O Cebreiro）的過程，行經危險的懸崖時，馬車差點翻覆，為了減輕馬車的重量，官員們

一股腦地將一袋又一袋的金幣拋下山谷……士兵們都聽見迴盪在山谷中的叮噹聲……絕望的士兵們開始沒節制地飲酒，喝得爛醉，好幾百名士兵就這樣，醉酒後就睡在雪堆裡，再也沒有起來……」

原本只是在塞布雷洛避難的英國軍隊，逃不過酷寒的折磨。一夜之間，數百名士兵在這裡失溫罹難。

聽說，今天在山谷裡，偶爾還會有人撿到英國軍隊的金幣，不過，更多人繪聲繪影傳述的，是入夜後從黑暗中傳來無名的嗚咽。

我沿著開滿金雀花的山徑上攀西行，卡斯提亞的荒涼記憶，不真實的像是上個世紀的過去。加里西亞的蒼翠，密密實實地，將朝聖者疲憊的身心都溫暖包覆。行走在濕潤的綠意裡，細覽夢裡夢外紺碧裊繞的幽靜，所有乾渴枯竭的心靈，在這裡都可以被澆灌療癒。

就在心曠神怡之際，突然間，我不恰當地想起這則悲慘歷史。

法蘭西之路的頂點

海拔一三三〇公尺的塞布雷洛，是卡斯提亞與加里西亞的分界，地理學上，這裡是翻越庇里牛斯山後，法蘭西之路的頂點，也是旅途最後一道高海拔試煉。越過最高點後，基本上就是一路下降，直到險峭嶙峋的大西洋岩岸。

喜怒無常的天氣變化，是塞布雷洛的最大特色。即使是盛夏七月，山頂的氣溫仍然在冰點附近徘徊，運氣不好時，此處的寒氣、濃霧與一反常態的暴風雪，經常帶走輕忽大意的朝聖者生命。

在七月刺骨的寒風中，我站在崖邊岌岌的露臺上，徒勞無功地搜尋聖雅各的天際線。居高臨下的壯闊，不禁讓人想起十九世紀蘇格蘭旅行家安德魯．威爾森（Andrew Wilson）在《雪的居所》（*The Abode of Snow*）中的一段話：

「在龐大無比的高峰峻嶺之間，我仰望星辰，想像自己被閃耀銀河與發出冷光的冰峰圍繞，巨大的天體，在不可思議的深淵裡燃燒，身處其中，你會以無法忍受，甚至近乎苦痛的方式意識有形存在的無邊浩瀚。和這連綿的巨峰相比，我是誰？我又是什麼？與永恆、偉大的宇宙相比，高山、太陽系也微不足道……」

這自相矛盾的悖論，其實很合理，在視覺無邊無際地延伸後，一

瞬間，我們脆弱的內心受到壯麗的時間與空間震懾威嚇而當機，一方面覺得自己站上頂點，不可一世，另一方面又被「偉大」所湮滅。這種浪漫主義式的冥想，正是驅策你我離開家門的持願。

在清寥的寂寂中，我聽見遠方一林風語，摩挲著顧盼生姿的山色，這是歲月對天地最深情的落款，也是朝聖者一山晴日，一水晴瀾的去路與歸途。

繁星之地，就在前方。

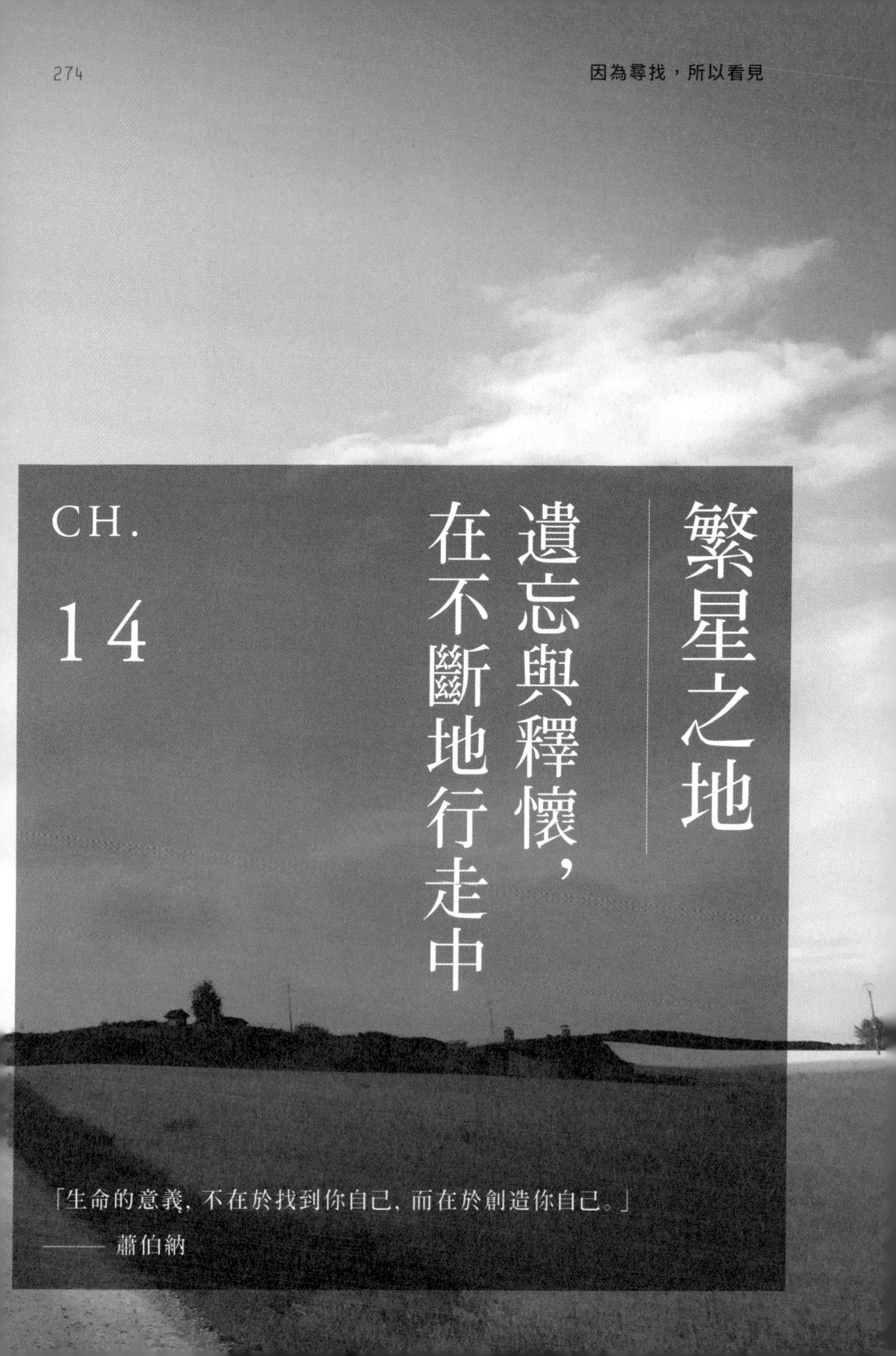

CH. 14

繁星之地

遺忘與釋懷，在不斷地行走中

「生命的意義，不在於找到你自己，而在於創造你自己。」

——蕭伯納

區間：阿爾蘇阿（Arzúa）→ 聖雅各（繁星之地）（Santiago de Compostela）

里程：39 Km

移動：步行＋自行車

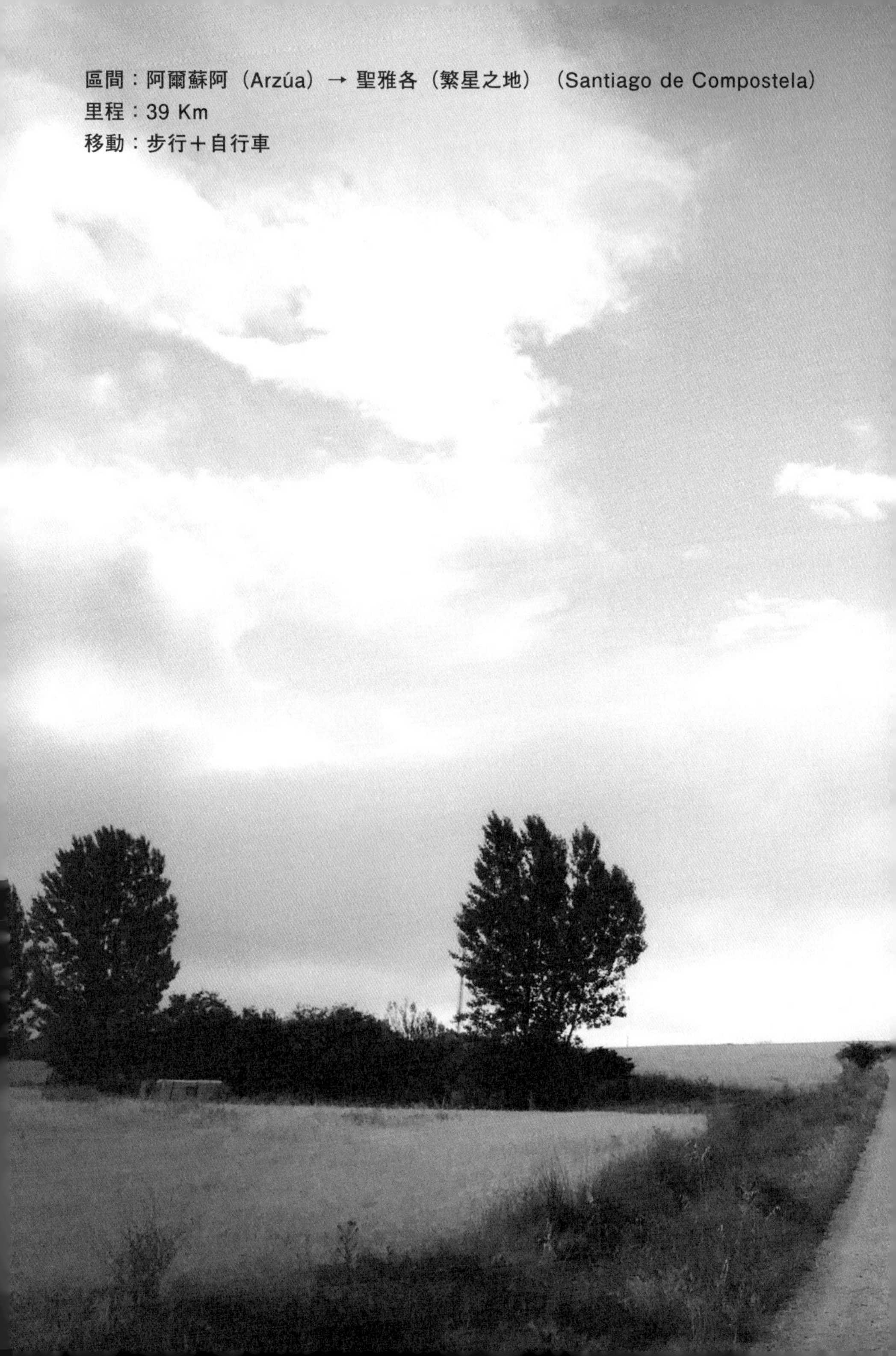

我在凌晨離開阿爾蘇阿（Arzúa），夏夜的銀河在遠空中熠熠生輝。

中世紀的朝聖者，主要是沿著一條古羅馬商道向西前進，夜晚，這條穿越加里西亞的小徑與天上的銀河相互映襯，經過無數世代的輪迴轉述後，「星光之路」（Voie lactée，法文原意為「銀河」）成為聖雅各之路的暱稱。

我在黑夜中呼嘯、奔馳，天上顫抖的星火，照亮旅程最後一哩路，難以形容的激動在心裡翻騰，我試著壓抑澎湃的思緒，但一切的努力只是徒勞。我數著沿路的城鎮：A Curiscada、Os Penedos、O Cruceiro、Outeiro、A Calle、Taboada、Regas、A Salceda、Santa Irene、A Rúa、O Pedrouzo、Arca do Pino、A Lavacolla、Sabugueira……連續快速地唸出這些帶有奇特口音的地名，像是吟誦著謎語般的詩篇，在音律結束的所在，一個心心念念的應許之地，就會在我眼前出現。

終於抵達聖雅各城

我踩著曙光，懷著情怯的忐忑，走入聖城、走入朝思暮想的繁星之地。

古老的高塔，傳遍全城的鐘聲，究竟是宣示旅程的結束，還是呼喚我繼續前進呢？隨著主教座堂尖聳的天際線由遠而近，情緒也莫名激動、飛揚了起來。庇里牛斯山的陡

峻、納瓦拉的塵土、卡斯提亞的驕陽、加里西亞的寒雨，交錯在我眼前，八百里路的巍峨與庸碌、聖潔與汙濁、喜悅與哀傷、昇華與沉淪，也在心中百轉千迴。內心分不清是歡喜，還是悲傷，不知道是什麼時候，淚水早已氾濫不已。

聖雅各城的中心，是所有朝聖者夢縈魂牽的所在：歐帕拉都依羅廣場（Praza do Obradoiro，

在加里西亞語的意思是「石匠廣場」）。銀匠風格的天主雙王酒店（Hostal dos Reis Católicos）、新古典主義的拉霍伊宮（Pazo de Raxoi）與文藝復興式的聖傑洛米學院（Colexio de San Xerome），以氣派闊綽的姿態環繞在我的四周。在日復一日的行走之中，朝聖者早就將潛藏在聖雅各之路本質中的自矜、靦腆、老派，深深地烙印在我們的心中，眼前所有的舒適華貴與觀光喧囂，四旬齋節式的混沌錯亂，不就是朝聖者們竭盡逃避、極力反對的嗎？

傳統上，所有朝聖者必須在初生的亞當下低頭，穿過「榮耀之門」（Portico of Glory），才算是「抵達」終點，不過正值百年大修主教座堂，輕率地以鷹架與圍欄，就這樣將我們隔離在救贖之外。

他們告訴我，想要贖罪，二〇二一年再來一趟。

千年前，萬里跋涉的朝聖者們，當抵達聖雅各之墓時，沒有庸俗可憎的紀念商品可以選購，也沒有到此一遊的T恤可以張揚，他們唯一擁有的，是一道僅可轉身的低矮通道，與燭影搖曳的地下墓室，在幽微的匍匐後，才得以見到聖雅各最後的歸屬。

現在，我們要繞過大聲吆喝的觀光人群、音量過大的風笛手，擺出木乃伊，羅馬士兵與死神的街頭藝人（雖然不知道點在哪裡），與掛滿扇貝與葫蘆的流動攤販，才得走入主教座堂的聖殿。我沒有像大家一樣，在祭壇後方擁抱使徒的黃金塑像，但我走入地下墓室七、八次，在大雅各的聖髑之前，為先我們而去的朋友祈求冥福。

這是我在旅程中，唯一的祈願。

拿到證書的那一刻……

我在卡瑞塔斯街（Rúa das Carretas）上的朝聖事務所（Pilgrim's Reception Office）辦理終點證書。光鮮亮麗的證書獵人、衣衫襤褸的步行者、一身勁裝的單車客，全都聚在此地。我攤開朝聖者護照，看著上頭五顏六色的戳印，全都是我們跋山涉水的見證，多少風吹雨淋的撲打，多少炙灼烈日的曝曬，多少飢腸轆轆的午後，又有多少輾轉難眠的夜晚，經歷過後，只有自己才明白，每個印記下的辛酸與喜悅。

來到繁星之地領到證書的那一刻。

當拿到證書的那一刻，許多人，又哭了。

正午時分，我坐在主教座堂內，參加朝聖者彌撒。來自全世界的朝聖者們齊聚一堂，再一次感受來自古老信仰的祝福。在天籟般的聖歌與沉悶的經文吟誦之後，眾所矚目的燻香祝福（Botafumeiro）儀式在最後登場。八十公斤重，一百六十公分高，白銀製的巨型香爐，平日懸掛在拱頂的滑輪組下，聽說一六〇四年安裝上去後，就沒更新過，繩索好一點，二十年更換一次，不過教堂人員拍胸脯保證，教我們不用擔心：「二千多年來，可沒發生過任何意外哦！」

當彌撒還在進行時，一旁的助祭默默地將香爐降下，倒入大量的乳香、黑檀與沒藥，點上火後，再由八名粗壯男子拉上去。祝福儀式的高潮，是八名男子努力地讓吊掛在空中的香爐來回擺盪。只見巨大煙球在空中以時速六十八公里，最大擺幅八十二度的態勢來來回回，一會兒工夫，大教堂內瀰漫著濃郁的焚香，觀光客的手機、相機閃個不停、朝聖者則是帶著心滿意足的笑容，驚歎

PRAZA DAS
PRATERIAS
BESV

連連，其中還和著管風琴貫耳的樂音、詩班齊聲讚頌的彌撒曲，與信徒喜極而泣的啜泣抽咽。從早期主祭手持小香爐在信眾間穿梭，到二十一世紀令人瞠目結舌的激動演出，燻香祝福儀式已成為聖雅各主教座堂最令人期待的片刻。當最後一個音符落下之際，香爐也回到它原來的位置，那一瞬間，按捺不住的興奮得以調伏，狂躁的心也歸於平靜，每人臉上都是大夢初醒的恍惚，在夢裡，我們預見了拯救與至福。

朝聖之旅結束了嗎？

儀典結束後，我倚著牆，坐在大廣場的角落，直到第一顆星星在西方的天空點亮。我不想結束這場旅行，也無力去思索它的意義。並不是抵達終點，才能發現它的內涵。我帶著失望與懷疑離開家門，在不斷地行走中，我遺忘，也釋懷，朝聖是時間與空間的煉金術，經由煉獄之火煎熬之後，所殘餘的，也許就是你我在找尋，稱之為「意義」的東西，可能是某種堅定不移的信念，可能是某種無可取代的想像，某種水盡山窮的了然，或者是柳暗花明後的豁達。

所有的領悟，只有自己才接收得到訊息。

走到這裡，朝聖之旅結束了嗎？
其實，沒這麼簡單。

根據聖雅各之路的古老傳統，每位朝聖者還要繼續往前走，直到大地的盡頭……

距離救贖，還有一百公里。

CH. 15

大地的盡頭

穿越無法言傳的蒼古

「當我最快樂時，總有根刺梗在每個享樂之中
我發現沒有一朵玫瑰花是沒有刺的
在我內心裡，有一處隱隱作痛的空虛
我相信這世界永遠無法填滿它」
——艾蜜莉·狄金生

銀白色的尖塔，在深紫與靛藍的映襯下，顯得更加耀眼。我的視線從咫尺之外的燈塔，投向交牙錯雜的岩岸與大海。以生物的角度觀看，世界的變化可說是微乎其微，在土裂山崩、走石飛砂後，滄海依然是滄海，桑田也許化為荒原。

人的生命既短暫又脆弱。但如果透過地質學少許的理解，我們就能看見硬砂岩像千層麵一樣捲曲、折疊，會看到花崗岩像冰淇淋一樣緩緩融化，會看見安山岩像卡布奇諾一樣冒泡、生煙。堅實巨巖化為鬆軟沙丘，高山峻嶺蝕成舒坦平野，地景的漂移，只能透過想像捕捉現象。試著將自己置入綿長的地質時間中，即使看似永恆不變的宇宙，也依據著成住壞空的規則循環。

慕希亞（Muxía）海岸的粗獷，讓我開始冥想時間的浩渺深遠，並激盪我胸中一陣陣的悸動，腦中一陣陣的眩暈。十八世紀來自蘇格蘭，被後世尊為「現代地質學之父」的詹姆斯・赫頓（James Hutton），稱這種經由想像所激發的難忘體驗為「Deep time」，我們感受時間的方式不再以秒、分、小時、天或年，而是以百萬或億為單位。「Deep time」將我們的現世粉碎成虛無，並動搖人類急欲千秋萬世的狂妄。

透過深邃的時間，我們穿越無法言傳的蒼古。

踩踏在流逝的時間之中

伽利略的望遠鏡與列文虎克的顯微鏡，把林布蘭到牛頓的世紀，定義成「空間無限延伸」的時代。將凹凸透鏡不同的排列組合之下，肉眼無法覺察的裂隙放大成險惡峽谷，浮塵是無法攀登的巨峰，夜空中微不足道的星團，是由億萬顆恆星匯集而成。從無限小到無限大，空間可以無止境地延伸下去。

相較於著重發現與分類的啟蒙時代，十八世紀下半到二十世紀初，可說是時間與意識被無限延伸的紀元。心理學家告訴我們，意識之外，還有重積累疊的潛意識，在潛意識底下，還有更深沉的自我。生物學家則說，任何「有氣息的生命」都是經過漫長時間演化而來。地質學家則言之鑿鑿，宇宙新生初創之時，和現在所看到的一切完全不同。他們用語言及文字，將久遠的時間加工、分門別類，最後壓縮成簡潔易懂的名詞，例如生命大量出現的寒武紀（Cambrian）、第一批森林倒下化成煤炭的石炭紀（Carboniferous）、爬蟲類縱橫的侏儸紀（Jurassic），繼而大規模滅絕，化為塵土的白堊紀（Cretaceous），或人類先祖出現的新近紀（Neogene）。文字從岩層的節理中耙梳出故事，編排出具有故事張力的戲劇，地質學將平凡的砂礫譜成史詩，寫成創世與末世的啟示錄。

我們踏的每一步，不僅是空間的位移，同時也踏在流逝的時間之中。

我穿過二十世紀的門廊，從十八世紀的樓臺上躍下，一腳踩入兩億年前的中生代（Mesozoic）。這片古老的海岸早就脫離了嚎啕與慟哭的年紀，失去了鏗鏘的音調，眼前的崢嶸只是假象，仔細聆聽，在嗚咽的海風下，只剩下自語的喃喃，在星移斗換間沉吟、沉睡。

千年前，相傳搭載使徒大雅各聖髑的小船，就在不遠處遭遇風浪，信徒在黑色的谷底與白色的浪尖間，哭喊主的名號。或許是祈求應驗了，後來的人就在慕希亞的岩岸上，興建聖所，感謝主的護佑。

大地的盡頭立有一座「禁止焚燒任何東西」警告標誌。

不過，不要被慕希亞的美景所騙，當地人告訴我，從這裡一路向南延伸到菲尼斯特雷（Finisterre），意思是「大地的盡頭」，這段海岸線被稱為「Costa da Morte」，意思是「死亡海岸」。

「Tout meurt à Finisterre,
tout renaît à Muxía
一切在菲尼斯特雷結束，一切在慕希亞重生」

當我踏在菲尼斯特雷的海岬時，馬上意會到語言的奧秘。如果慕希亞風和日麗，那麼菲尼斯特雷

就會暴風終朝。相反的，當我拜訪慕希亞時是狂風呼嘯，而菲尼斯特雷則是碧波如鏡。

標示著「0 K.M.」的里程碑，感傷地告訴我應該要回頭了。古羅馬人在地圖上特別為這裡留下註腳：

「大地的盡頭，生命的開端，再過去，除了虛空，還是虛空。」

傳統上，朝聖者們要帶著自己的衣物，在菲尼斯特雷的海岬將它們焚燒，象徵著告別過去，迎接新生。沒有上網爬文的我，興沖沖地爬下海岬，想要以轟轟烈烈的方式送舊迎新。一幅大到無法忽視「禁止焚燒任何東西」的警告標誌，輕易地將我的過去踩在腳下。我看見所有和我一樣無知的朝聖者們，各自蹲踞在不同的角落長吁短嘆。

最後，我們的過去與未來，都丟到燈塔旁的垃圾桶。

回家的時候到了

就傳統意義上來看，我徹底完成法蘭西之路的試鍊，想像中完成任何挑戰的人，應該會鼓舞歡欣才是。但我知道，證書、圖章與GPS的軌跡紀錄，都只能標記我在現實世界的移動。回家之後，我還會記得路上體認、領悟與學習的種種嗎？我對恐懼的反思，對未來的迷惘，對生活中多餘事物的割捨，還能清醒自持嗎？或許，回家幾天後，我們就重拾漫不經心的自己，去過那無所用心的生活，最後一切照舊，船過無痕，彷彿這一切從未發生過。

夏至後的夕陽，特別地漫長。你好像可以把看不完的部分，打包回家，分送給親朋好友。看著近乎靜止的海面與斜陽，「Deep time」再一次擄獲我的想像，世界的廣袤與深邃，凸顯出我們個人勝負成敗的無足輕重，朝聖之旅讓我們重新審度虛擲或空轉的過去。這趟旅程對我的影響或許是間接、委婉、隱晦的，但我相信它，就在自己內在的某個角落。

我沿著安全性可疑的臺階向上攀登，回望崎嶇嶙峋的來時路，我知道，回家的時候到了。

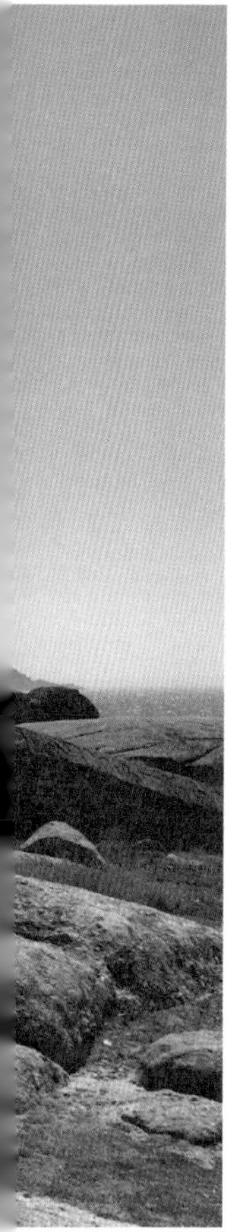

後記

返回之後

「只有當你發現這條路和真理，
生命都在你心中後，
你才能找到自己的劍。」
——保羅·科爾賀《朝聖》

節氣白露過後，我沿著達爾馬提亞風光綺麗的海岸線一路南行，我的心，惦念著一座古老的聖殿。

中世紀錯綜狹窄的巷弄，高低。相較於普拉、史普利特或札達爾，史賓尼克是第一座由克羅埃西亞人建立的聚落，而史賓尼克厚篤堅實的主教座堂（Šibenik Cathedral），是亞得里亞海東岸，白堊絕地上綻放的耀眼玫瑰。

文藝復興式的立面，鐫出年代久遠的繁盛，也鏤刻下鉛華洗盡的寂寞。我撫摸質感粗礪的石灰岩，試著感受大教堂的存在。

一位年約七十多歲的老太太向我走來，用口音濃厚的英語詢問：

「你是朝聖者？」

「看得出來嗎？」我怔了一下。

「當然看得出來，只要你曾經走過聖雅各之路，它的精神會永遠烙印你的心裡，佇留在你的靈魂中，而且……」老太太用慈祥的眼神看著我，「它也會寫在你的臉上。」

「這麼明顯？」我繼續用笑容回應她的善意。

「年輕人，你知道這座教堂的另一個名字是什麼嗎？」

「Katedrala Sv. Jakova」換我用現學現賣，生硬的克羅埃西亞語回答她：「也就是聖雅各大教堂。」

「Da！」她滿意地點點頭，「祂會守護每個迷惘的心，飄泊的靈魂，遠在他鄉的孩子。」

繼續深聊下去，我才知道，原來老太太也走過聖雅各之路，兩次。

彼此聊到旅途上的風霜與驕陽、充滿惡意的石頭與植物、形形色色的流浪者，與那些獨自哭泣的夜。

「我看得出來……」老太太看著我說：「你已經走出迷亂與絕望……人生的路還很漫長，一旦你再度陷入低潮時，不妨試著回想，那些在聖雅各之路上的日子。」

我望著老太太逐漸遠去的佝僂身影，我想起保羅・科爾賀在《牧羊少年奇幻之旅》書中的一句話：「相信人生就是奇蹟，奇蹟才會發生。」

如果你相信機率，那所有的巧遇都只是偶然；如果你相信命運，那麼所有的偶然都是奇蹟。

走過聖雅各之路，並不會成就事業上的騰達，也不會圓滿情感生活的缺憾。

完成後的體悟，與其說是毛毛蟲羽化蛻變成蝴蝶的過程，我覺得，更像是柏拉圖筆下穴居的原始人。在很長一段時間，我們錯以為映照在洞穴牆上，晃動模糊的身影，就是世界的真相，就是生命的全部。完成朝聖之路的領會，更像是在黑暗中的轉身，無意中，我們窺見洞穴外的光亮，現在所需要的，就只是勇敢地走出蝸居的幽微，走向世界。

從札雷格布返回維也納的路上，我聽著李歐納・柯恩的《*You Want It Darker*》，這是老先生最後一張錄音室專輯，一篇又一篇冷冽澄澈的生命獨白，一份直面黑暗與死亡的音樂遺囑。

午夜時分，巴士停在斯洛維尼亞空無一人的邊界，柯恩低沉古鬱的嗓音，唱著：

「STEER YOUR WAY
PAST THE RUINS OF THE ALTAR AND THE MALL
循你的路，經過聖壇和商場的殘垣
STEER YOUR WAY
THROUGH THE FABLES OF CREATION AND THE FALL
循你的路，穿越創造和墮落的寓言
STEER YOUR WAY
PAST THE PALACES THAT RISE ABOVE THE ROT
循你的路，經過從腐地拔起的宮殿

Year by Year, Month by Month, Day by Day,
Thought by Thought
年復一年，月復一月，日復一日，思復一思
Steer Your Heart
Past the Truth that You Believed in Yesterday
順你的心，經過你昨日深信的真實
Such as Fundamental Goodness
and the Wisdom of the Way
比如人性本善與智慧指南
Steer Your Heart,
Precious Heart, Past the Women Whom You Bought
順你的心，珍貴的心，路過你曾買過的春
Year by Year, Month by Month, Day by Day,
Thought by Thought
年復一年，月復一月，日復一日，思復一思……」

終其一生，我們似乎都在悖論謬論違心之論裡掙扎求生，面對險路歧路的無奈選擇，與現實妥協，向生活低頭，永恆與救贖似乎離我們還很遙遠，但沿途的雨雪早已令你我飽歷風霜，舉步維艱。老先生透過文字與音律，琢磨出溫潤的生命自覺，並且以囈語傾訴人生的了悟。詩歌對生命無常的詠嘆，瞬間把我傳送回飛塵揚土的聖雅各之路，這是我完成卻也未了的朝聖之旅。

結束，只是另一個開始。

當巴士再度啟動，疾速駛入黑暗，我隔著厚厚的玻璃，將視線投向莫以名之的虛空。不遠的前方，另一場更遼闊、更幽遠，也更漫長的旅程，正等待著我的抵達與出發。

你，也一起來吧！

因為尋找，所以看見：一個人的朝聖之路 / 謝哲青 著.
-- 初版 -- 臺北市：時報文化，2017.12
304 面；14.8×21 公分. --（人生散步 叢書；12）
ISBN 978-957-13-7239-6（一般版）
ISBN 978-957-13-7252-5（特別版）

1. 朝聖 2. 遊記 3. 西班牙
746.19 106021735

人生散步 叢書 012

因為尋找，所以看見：一個人的朝聖之路

作者｜謝哲青　攝影｜李艾霖、蕭婉柔、鄭玉兒　主編｜Chienwei Wang　美術設計｜平面室　校對｜簡淑媛企劃編輯｜Guo Pei-Ling　董事長｜趙政岷　出版者｜時報文化出版企業股份有限公司 108019 臺北市和平西路三段 240 號 3 樓　發行專線—(02)2306-6842 / 讀者服務專線—0800-231-705 · (02)2304-7103 / 讀者服務傳真—(02)2304-6858 / 郵撥—19344724 時報文化出版公司 / 信箱—10899 臺北華江橋郵局第 99 信箱　時報悅讀網—http://www.readingtimes.com.tw　法律顧問｜理律法律事務所 / 陳長文律師、李念祖律師　印刷｜和楹印刷有限公司 / 初版一刷 2017 年 12 月 29 日 / 初版三十刷 2023 年 4 月 14 日　定價｜新臺幣 399 元

♣ 時報文化出版公司成立於一九七五年，並於一九九九年股票上櫃公開發行，於二〇〇八年脫離中時集團非屬旺中，以「尊重智慧與創意的文化事業」為信念。

ISBN 978-957-13-7239-6（一般版）
ISBN 978-957-13-7252-5（特別版）
Printed in Taiwan

特別感謝：
此趟後段旅程使用台灣精品品牌BESV的智慧動能自行車